Ambição com propósito

Amina AlTai

Ambição com propósito

COMO PARAR DE CORRER ATRÁS E COMEÇAR A VIVER

Tradução
LÍGIA AZEVEDO

FONTANAR

Publicado mediante acordo com Viking, um selo da Penguin Publishing Group, uma divisão da Penguin Random House LLC. Um livro da Penguin Life.

O selo Fontanar foi licenciado para a Editora Schwarcz S.A.

Grafia atualizada segundo o Acordo Ortográfico da Língua Portuguesa de 1990, que entrou em vigor no Brasil em 2009.

TÍTULO ORIGINAL The Ambition Trap: How to Stop Chasing and Start Living

CAPA Colin Webber

PREPARAÇÃO Ana Clara Werneck

ÍNDICE REMISSIVO Gabriella Russano

REVISÃO Juliana Cury e Luíza Côrtes

Dados Internacionais de Catalogação na Publicação (CIP)
(Câmara Brasileira do Livro, SP, Brasil)

AlTai, Amina
Ambição com propósito : Como parar de correr atrás e começar a viver / Amina AlTai ; tradução Lígia Azevedo. — 1ª ed. — São Paulo : Fontanar, 2025.

Título original : The Ambition Trap : How to Stop Chasing and Start Living
ISBN 978-65-5303-007-7

1. Autoajuda 2. Carreira profissional 3. Negócios – Planejamento 4. Objetivos organizacionais 5. Poder 6. Vida profissional 7. Vida pessoal I. Título.

25-302094.0 CDD-658.4

Índice para catálogo sistemático:
1. Propósito de vida : Administração 658.4

Maria Alice Ferreira – Bibliotecária – CRB-8/7964

EDITORA SCHWARCZ S.A.
Rua Bandeira Paulista, 702, cj. 32
04532-002 — São Paulo — SP
Telefone: (11) 3707-3500
facebook.com/Fontanar.br
instagram.com/editorafontanar

Este livro é dedicado a todas as pessoas que vivem às margens, que conhecem a dor impronunciável de ouvir que são "demais" — esquisitas demais, negras demais, gays demais, estrangeiras demais, grandes demais, pobres demais, femininas demais, deficientes demais — para ocupar um lugar à mesa. A todas as pessoas que ouviram que não são boas o bastante, porque não cabem nos limites estreitos do que este mundo considera típico. A todas as pessoas que passaram a vida tentando mudar, quando era o sistema que precisava fazer isso. Que este livro seja um lembrete de que não tem nada de errado com a gente. Seria uma grande honra se você se sentasse comigo à mesa, tal qual é.

Meu desejo é me desdobrar. Que nenhum lugar
em mim se mantenha fechado, pois onde sou
fechado sou falso.

Rainer Maria Rilke, *O livro de horas*

Sumário

Nota da autora

Antes de iniciarmos, gostaria de abordar algumas questões. Em primeiro lugar, é de extrema importância reverenciar e respeitar a linhagem da qual o conhecimento emerge. Quero honrar e homenagear as pessoas e os ensinamentos que informaram e inspiraram meu trabalho. Entre professores, coaches, mentores e pessoas que me influenciaram incluem-se: Rha Goddess, JLove Calderón, Hildie Dunn, Erin Foley, Jesse Johnson Chandra, Sri Kala Chandra, Handel Group, Institute of Integrative Nutrition, dra. Deganit Nuur, Anurag Gupta, Heather Box, dra. Margarita Russolello, Shamanic Reiki Worldwide, Eileen Lawlor, Amy Bonaduce-Gardner, Charlie Knoles, Rachel Rodgers e Ben Turshen.

SOBRE A TERMINOLOGIA

Ao longo deste livro, faço referência a grupos historicamente excluídos ou sub-reconhecidos, grupos marginalizados, pessoas racializadas e à cultura da supremacia branca. Para facilitar a compreensão, defino esses termos aqui.

O vocabulário que utilizo para me referir aos dados é aquele que encontrei em minhas fontes de pesquisa. Haverá momentos em que usarei linguagem binária, porque os dados foram disponibilizados dessa forma. A língua e o vocabulário vêm passando por um processo de mudança acelerada, e sempre tento seguir as comunidades que estão promovendo essa mudança. No entanto, uso a linguagem que aparece nas coletas de dados para que seja mantido seu sentido original e tudo fique claro para quem está lendo. Essa linguagem nem sempre reflete minha preferência quando me dirijo a essas comunidades.

Grupos historicamente excluídos: Quando uso esse termo, refiro-me àqueles que não tiveram acesso a oportunidades iguais às dos grupos dominantes ou que sofreram discriminação institucional. Incluem-se aqui mulheres, pessoas que deram à luz, mulheres racializadas e pessoas racializadas em geral, pessoas com deficiência — seja ela visível ou não —, pessoas com doenças crônicas, pessoas neurodivergentes, pessoas de diferentes tamanhos e tipos físicos, e a comunidade LGBTQIAPN+.[1] Embora esses grupos não sejam homogêneos e não sejam todos alvo do mesmo nível de discriminação, sabemos que encaram mais desafios que o homem branco cisgênero e heterossexual. Também posso me referir às pessoas de grupos historicamente excluídos como "líderes sub-reconhecidos".

Pessoas marginalizadas: São aquelas que sofrem discriminação e exclusão devido a dinâmicas de poder desequilibradas. A marginalização pode ser baseada em raça, gênero, etnia, idade, tipo físico ou tamanho do corpo, religião, orientação sexual, deficiência ou status de documentação. Representantes de algum tipo de diversidade, pessoas racializadas e de grupos historicamente excluídos costumam ser marginalizados.[2]

Pessoas racializadas: Existem diferentes termos para esse grupo, que inclui pessoas negras, indígenas e todas aquelas que não são percebidas como brancas. Nos Estados Unidos, utiliza-se a sigla BIPOC. A variação QTBIPOC, que inclui pessoas queer e trans, ainda está sendo debatida pelas comunidades envolvidas. Embora tenha sido criada para expressar unidade e solidariedade, a sigla busca representar comunidades muitíssimo diferentes. Além disso, alguns pesquisadores argumentam que quanto mais rotulamos grupos não brancos, mais nos centralizamos na branquitude. Optei por usar esse termo porque é de fácil compreensão.

Cultura da supremacia branca: É definida como uma forma de racismo que perpetua a ideia de que as pessoas brancas são superiores àquelas de outras raças, e portanto devem dominá-las econômica, política e socialmente.[3] Atributos da supremacia branca se manifestam na cultura organizacional e são aceitos como a norma e o padrão, sem reconhecimento ou consenso deliberados do grupo como um todo. Esses atributos têm um impacto negativo tanto em pessoas racializadas quanto em pessoas brancas, porque priorizam valores, preferências e experiências de um único grupo racial em relação a todos os outros. Até mesmo organizações lideradas por pessoas racializadas ou compostas predominantemente por estas podem apresentar características associadas com a cultura da supremacia branca. É importante perceber que todos lidamos com essa cultura, independentemente de nossa identidade racial e interseccionalidade — no entanto, somos afetados de maneiras diferentes por ela. Pode haver uma tendência a ouvir a expressão "cultura da supremacia branca" como um ataque pessoal aos indivíduos brancos. Não se trata disso. Trata-se de um sistema que prejudica a todos nós. Um exemplo simples disso é viver em uma cultura que nos ensina a nos desconectar de nosso eu físico e priorizar a razão sobre o sentimento, ignorando assim a sabedoria valiosa que nosso corpo nos fornece.

SOBRE OS ESTUDOS DE CASO

Para preservar o anonimato de meus clientes, os estudos de caso deste livro são uma mistura de eventos reais e fictícios. Em alguns momentos me pareceu importante preservar os aspectos autênticos das histórias para apresentar o exemplo de maneira mais tangível, e quando foi assim pedi permissão para mencionar os envolvidos. Para garantir a privacidade, nomes e detalhes que poderiam identificá-los foram mudados.

Prefácio

Rachel Rodgers

"Não posso trabalhar hoje" foi tudo o que eu disse.

Tinha ligado, às lágrimas, para a minha assistente. Eu não sabia o que estava acontecendo, mas meu coração batia acelerado, minha cabeça estava confusa, eu me sentia mal fisicamente e enfim entendi que precisava parar.

Parar era meu maior medo.

Eu vinha em um ritmo frenético nos dois meses anteriores (na verdade, a vida toda). Tentava dar conta de tudo e não era nem um pouco compreensiva comigo mesma. Recusava-me a falhar no que quer que fosse, não importava que as probabilidades estivessem contra mim. Queria ser a esposa perfeita, a mãe perfeita e a profissional perfeita. Não ia deixar nenhum pratinho cair.

Até que todos caíram, e quebraram de maneira dramática e espetacular. Eu estava às voltas com um caso importantíssimo no trabalho e não conseguia mais funcionar. Tinha um recém-nascido em casa e não fazia nada por ele além de segurá-lo no colo, amamentá-lo e aconchegá-lo. Não tinha nada a oferecer a meu marido, que precisava se encarregar de tudo na casa enquanto eu ficava com o bebê no sofá. Mal tinha força ou vontade de comer, muito menos conversar ou fazer qualquer outra coisa.

O que estou descrevendo aqui é minha experiência de *burnout*. Algo muito real, assustador e comum entre profissionais ambiciosos de grupos historicamente excluídos. Apesar dos muitos sistemas de opressão que trabalham contra nós, insistimos em enfrentá-los. Nós nos recusamos a deixar que nos segurem. Então trabalhamos. E trabalhamos. E trabalhamos mais um pouco. Até darmos de cara no chão. Ou, em alguns casos, até morrermos.

Se você escolheu este livro em um momento parecido de crise existencial, esgotamento ou simplesmente porque não aguenta mais seu trabalho, prepare-se para se libertar.

Tive o privilégio de ter Amina como amiga, colega e cliente, e preciso dizer que a paixão e a percepção dessa mulher são inigualáveis. Ela é a personificação da gentileza, do estabelecimento de limites e da visão de futuro, o que a torna uma líder cujas palavras são sempre um bálsamo para a alma de qualquer workaholic em reabilitação.

Vamos falar a verdade sobre a ambição. Mulheres, pessoas racializadas, pessoas LGBTQIAPN+, imigrantes e qualquer um que não se encaixa no modelo embranquecido de sucesso ouvem mensagens contraditórias a vida toda. Seja ambicioso, mas não muito. Seja assertivo, mas não demais. Trabalhe duro, mas seja agradável. É uma armadilha. Tudo isso promove um cabo de guerra constante, que faz com que a ambição pareça perigosa ou até ilícita — algo aceitável apenas quando se encaixa perfeitamente nos limites estreitos estabelecidos por padrões alheios.

É claro que assim fica mais difícil validar nossa ambição. Começamos a nos questionar se o que queremos é adequado, se não estamos pedindo demais e até se merecemos o que queremos. A mentira que a sociedade nos oferece é insidiosa: para alguns de nós, a ambição está além do alcance —

um privilégio concedido apenas àqueles que já têm um lugar à mesa. Essa mentira nos faz acreditar que querer mais é ingratidão, ganância, que não somos dignos de mais. O que não é verdade.

Por isso o trabalho de Amina é tão potente. *Ambição com propósito* é mais que apenas um livro — é uma forma de reivindicar a ambição para aqueles que ouviram que não têm direito a ela. Amina explica habilmente como a ambição, quando nutrida pela integridade, e não pela dor ou pela mentalidade de escassez, pode ser transformada em uma força dinâmica capaz de promover uma mudança real e duradoura. Esta obra não se atém a validar nossos desejos: ela nos empodera a reivindicá-los, sem pedir desculpas.

Porque é isso que merecemos.

Sei, como coach de negócios e defensora da igualdade e da representatividade, quão poderosa a ambição pode ser quando é livre das amarras de expectativas sociais. Vejo a magia que acontece quando pessoas que não são reconhecidas saem da sombra e reivindicam seu espaço, exigindo que o mundo as veja não como sobreviventes, mas como visionárias, inovadoras, agentes da mudança. No entanto, o peso das barreiras que precisam superar não me passa despercebido, tampouco as mensagens persistentes de insuficiência, sugerindo que se encolham em vez de se expandir.

Este livro levará você em uma jornada que mudará a maneira como faz negócios, constrói sua carreira e vive a vida. Com toda a delicadeza, Amina ajudará você a deixar de buscar validação externa e se voltar para si, com o intuito de construir a vida que realmente deseja. E, não, você não precisa pedir desculpa por sua ambição — porque, falando claramente, ela é uma coisa neutra e natural. É um direito divino. E, quando alinhamos ambição com propósito, a magia acontece.

A PERMISSÃO QUE VOCÊ NÃO SABIA DE QUE PRECISAVA

Simplificando: este livro te dará permissão para correr atrás de seus sonhos mais malucos (desde que sejam seus). Não os sonhos impostos pela sociedade. Com exercícios práticos e histórias com as quais você vai se identificar na mesma hora, Amina te ajudará a explorar seus dons e valores únicos, e o impacto que deseja ter no mundo. Ela oferece a todos nós uma saída, uma maneira de escapar da armadilha de tentar equilibrar o "excessivo" e o "insuficiente" para afinal vivenciar sua ambição de forma plena.

Eu queria ter lido este livro anos atrás, em vez de ficar deitada no sofá, esgotada e perdida.

Obrigada por seu trabalho, Amina, por sua vulnerabilidade e por contar sua história de maneira tão aberta. Esta obra é um presente para qualquer pessoa que já se sentiu dividida entre buscar mais e se acomodar com menos. Meu conselho a quem está lendo é: mergulhe de cabeça, absorva cada palavra e permita que estas páginas te ensinem a manter uma ambição alegre e feroz, em seus próprios termos.

Introdução

Era uma sexta-feira de um verão escaldante em Manhattan. Às oito da manhã, as pessoas na rua já estavam agitadas devido a outro alerta de calor excessivo. O ar estava pegajoso, fazendo meu vestido grudar nas pernas como um pano úmido. Entrei em um Mini Cooper vermelho, o carro que tinha alugado para usar naquele dia, e mal consegui segurar o volante, de tão quente. Coloquei a bolsa com meu laptop no banco do passageiro, como se fosse me fazer companhia no trajeto. Então liguei o ar-condicionado, saí da vaga e pisei fundo.

Peguei a estrada, a caminho de uma reunião que tinha com um cliente em Connecticut toda sexta-feira. Como muitos perfeccionistas focados no trabalho, eu odiava me atrasar. Costurei o trânsito, mudando de faixa o tempo todo para evitar os carros lentos. Já tinha trabalhado sessenta horas aquela semana e mal podia esperar pelo sábado.

Então meu celular tocou.

Dei uma olhada rápida na tela do que hoje seria um iPhone vintage e constatei que era uma ligação da minha médica, a dra. Gulati.

"Alô?", atendi, meio irritada, porque não tinha tempo a perder.

"Onde você está?", a dra. Gulati perguntou, parecendo em pânico. Eu nunca tinha ouvido sua voz tão tensa, seu tom tão urgente.

"A caminho de uma reunião... Não tenho muito tempo", eu disse, já a dispensando.

Percebi que ela inspirava fundo do outro lado da linha e fiquei curiosa para saber para que estava se preparando. Nunca vou me esquecer do que ela disse em seguida:

"Se você não for para o hospital agora, em alguns dias vai sofrer uma falência múltipla de órgãos."

Pisquei, sem entender muito bem o que ela estava dizendo.

"Como assim?"

"Você está com uma anemia gravíssima", a dra. Gulati disse. "Sem terapia intravenosa corre o risco de uma disfunção generalizada dos órgãos e até falência."

Os anos anteriores passaram rapidamente diante dos meus olhos. A abertura da minha empresa, os marcos alcançados, a tendência a ser cordata. *Como isso pode ter acontecido?*, perguntei a mim mesma. *Fiz tudo "certinho"*.

Na época eu não sabia, mas havia caído naquilo que depois chamaria de "armadilha da ambição sem propósito".

Descobri que sofria de doença celíaca e de tireoidite de Hashimoto. Como não estava cuidando de mim mesma, havia perdido a capacidade de absorver os minerais necessários. A gravidade do meu estado impedia uma abordagem gradual, por isso nas semanas seguintes tive que fazer terapia intravenosa sob supervisão de hematologistas para recobrar minha saúde. O diagnóstico (e minha genética) não era o principal problema, no entanto: éramos eu e minha mente. Minha tendência a trabalhar demais e minha relação com o sucesso — centrada na dor — estavam literalmente me matando.

NOSSO MODO DE FUNCIONAMENTO NÃO FUNCIONA

Mais de uma década se passou desde minha experiência de proximidade com a morte, e contei essa história em diversos palcos e podcasts. O número de pessoas que faz fila para falar comigo ou que me manda mensagem depois para contar uma história muito parecida é impressionante — e não me surpreenderia se você também tivesse uma. Como isso é possível? Como tantos de nós podem estar se submetendo à dor e ao sofrimento?

Depois desse susto, coloquei minha ambição no microscópio, e um padrão muito comum emergiu. Provavelmente tal qual a maioria das pessoas lendo este livro, comecei minha carreira pouco antes de um dos piores declínios econômicos da história dos Estados Unidos. O capitalismo tardio me ensinou a relacionar meu valor, minha autoestima e minha identidade com a competição perpétua por trabalho e com o acúmulo de conquistas. Aprendi a baixar a cabeça, dar duro e nunca parar. Como muitos de nós, jovens ambiciosos que atingiram a maioridade naquela época, eu sentia que meu trabalho não era apenas um trabalho, mas toda a minha personalidade.

Você se identifica com isso? Talvez também tenha tentado (conscientemente ou não) trabalhar mais que os outros para provar seu valor, e isso tenha te levado a adoecer.

Talvez você tenha perseguido conquistas, dinheiro e títulos, mas agora sinta um vazio e falta de sentido.

Talvez você esteja se esforçando para chegar ao topo, mas se sinta esmagado pelas microagressões que sofre, e se pergunte se vale a pena.

Talvez você esteja em meio a uma crise existencial, porque o pico da montanha que acabou de escalar não se parece em nada com a imagem que idealizara.

Um dos desafios no modo como nos relacionamos com a ambição é acreditar que se trata de uma trajetória sempre ascendente — que ser ambicioso significa nunca parar, nunca se dar um tempo. Na verdade, a impressão generalizada de tudo relacionado à ambição é de que há sempre mais crescimento, independentemente do custo. Isso leva muitos de nós a rejeitar a ambição como um todo, a vê-la como algo negativo. Então vamos deixar uma coisa clara logo de início: a ambição é algo neutro e natural.

COMO VEMOS A AMBIÇÃO

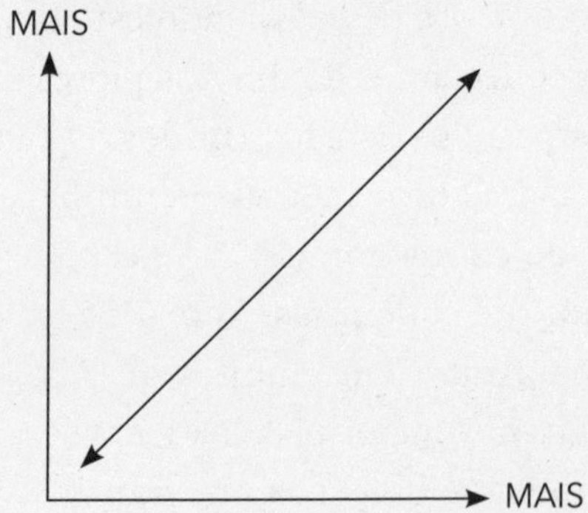

Não estou de modo algum sugerindo que você abra mão do sucesso ou renuncie à ambição. Na verdade sou uma das pessoas mais ambiciosas que conheço e aposto que você também é. Meu convite é que você mantenha uma relação mais adequada com sua ambição.

A verdade é que a ambição em sua forma mais pura não é uma questão de obter mais seja qual for o custo. Tem a ver com cultivar, manter o ritmo, reabastecer, nutrir, descansar e crescer. Nossa ambição segue um ciclo tanto quanto uma flor perene. Ela começa com a semente de um desejo: *Quero crescer*. Regamos e nutrimos o desejo quando regamos e nutrimos a nós mesmos. Controlamos nosso crescimento, centímetro a centímetro. Atingimos a altura máxima possível a cada momento, com base em nosso estado interno e externo. Nossos dons florescem, e atingimos o pico sazonal. É glorioso. Então o vento muda, e sentimos que não podemos mais crescer. É quando paramos, desaceleramos e voltamos para baixo da terra, para nos preparar para a próxima estação. O ciclo se repete, de novo e de novo.

No entanto, a ambição pode ser distorcida de várias maneiras. Trata-se de um daqueles termos culturalmente complexos e politicamente carregados que destaca nossos defeitos

COMO A AMBIÇÃO REALMENTE É

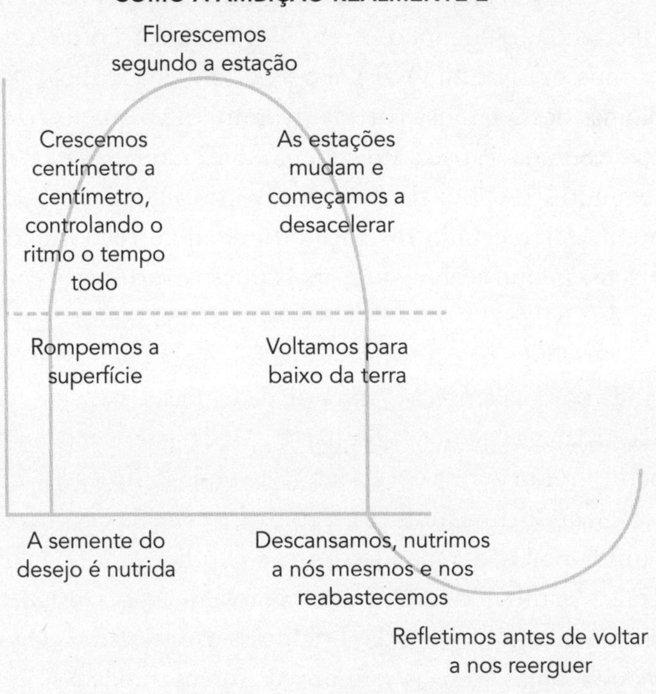

ou nossas forças, dependendo de a quem se refere. Mulheres ambiciosas muitas vezes são consideradas desagradáveis, enquanto homens são vistos como motivados e poderosos.[1]

Isso também afeta a maneira como podemos ser ambiciosos. Mulheres são instruídas a se expressar, porém quando o fazem com sinceridade acabam ouvindo que suas experiências não são reais. Pessoas racializadas são instruídas a ocupar espaço em organizações, porém quando compartilham suas vivências acabam ouvindo que estão sendo inconvenientes. Pessoas com deficiência são instruídas a se sentir à vontade, porém suas necessidades são ignoradas, o que as leva a ter um desempenho inferior ou a precisar se esforçar de maneira exagerada, o que só exacerba a deficiência. Com frequência nos dizem para *ser* e *não ser* na mesma frase.

Sempre penso na final feminina do torneio de tênis US Open de 2018, quando Serena Williams enfrentou a novata promissora Naomi Osaka, e o jogo saiu dos trilhos. Os problemas dessa famosa partida tiveram início quando o técnico de Serena, Patrick Mouratoglou, fez um gesto para ela no segundo set. O juiz de cadeira advertiu a atleta por supostamente ter recebido instrução do técnico. Teve início uma discussão que acabou com mais duas advertências e a vitória de Osaka.

Ao longo da carreira, Serena foi implacavelmente perseguida por sua ambição, autenticidade, raça e por seu gênero. Nas palavras da atleta: “Eu não trapaceio para vencer. Prefiro perder”.[2] Em defesa dela, a lenda do tênis Billie Jean King disse: “Quando uma mulher é emotiva, é tachada de ‘histérica’ e punida por isso. Quando um homem faz a mesma coisa, é ‘franco’ e dificilmente há alguma repercussão. Obrigada, Serena Williams, por nos lembrar dessa parcialidade”.[3] O juiz de cadeira, cujas crenças sem dúvida foram moldadas pelo patriarcado, questionou o direito de Serena de reivindicar seu lugar no topo e virou a mesa contra ela. Isso não é muito diferente do que acontece com meus clientes.

Talvez você mesmo tenha passado por uma experiência parecida.

Talvez finalmente tenha se tornado CEO da empresa, porém a experiência não esteja sendo muito recompensadora e você sinta uma exaustão e um vazio sem precedentes.

Talvez tenha chegado ao topo da carreira acadêmica só para ser derrubado por aquilo que de início valorizavam em você.

Talvez tenha aberto seu próprio negócio, porque era o que acreditava que deveria fazer, mas obter financiamento (como sua parte dos 2,4% oferecidos pelo capital de risco[4] para grupos sub-representados) esteja sendo um pesadelo, a ponto de parecer impossível continuar.

Ambição é uma coisa complicada, especialmente para os grupos historicamente excluídos.

IDENTIDADE E AMBIÇÃO

Para muitas das pessoas sub-reconhecidas, o ponto crucial dessa relação desafiadora com a ambição reside na maneira como a identidade atravessa certas crenças culturais sobre quem pode ou não ser ambicioso. Se você é mulher, uma pessoa racializada, queer ou com deficiência, ou se é parte de outro grupo marginalizado — devido a racismo, machismo, classismo, homofobia, transfobia, gordofobia, xenofobia e todos os outros preconceitos pelos quais nos dizem que não somos bons o bastante —, qualquer avanço costuma vir acompanhado de dilemas. Na tentativa de ser ambiciosos, somos confrontados por exigências e escolhas irreconciliáveis que impactam nossa mente, nosso corpo e o caminho adiante. Passamos a acreditar que trabalhando mais arduamente, sendo mais espertos ou "impecáveis", podemos provar ao mundo que "bastamos". Porém o mundo costuma ser rápido em responder que apenas um grupo de pessoas "basta". Aprendemos que o poder e o sucesso têm *uma* cara: branca, heterossexual, sem deficiência, masculina. (É importante lembrar que homens brancos cisgênero não são uma instituição. Para cada líder branco problemático que conheci, encontrei também outros comprometidos em ser aliados.) A verdade é que o mundo foi projetado por eles e para eles. Levá-los sempre a posições de poder cria muitas das barreiras sistêmicas que vivenciamos hoje.

Portanto, para chegar aonde queremos, muitos de nós acabam recorrendo a versões mais socialmente aceitáveis de si. Passamos a vida nos mostrando de outra forma para que aqueles no poder se sintam confortáveis em nossa presença; na verdade, eles nos ensinam que nosso valor está relacionado ao conforto que sentem quando estamos por perto. O peso dessa adaptação recai sobre nós, até que entramos em colapso emocional, físico e espiritual. Se não tomamos cuidado, esses comportamentos se tornam um ciclo geracional. Deparamos com tal dinâmica com muita frequência, porém é raro sermos incentivados a valorizar nosso verdadeiro eu e nossa contribuição única ao ambiente de trabalho.

Conheço essa dinâmica mais intimamente do que gostaria. Sou uma pessoa que cresceu sob três culturas (sou descendente de iraquianos e galeses, mas cresci nos Estados Unidos). Fui criada como muçulmana e entrei no mercado de trabalho durante os anos de islamofobia intensa que se seguiram ao Onze de Setembro — quando eu não me sentia segura por meu tom de pele —; seria um eufemismo dizer que minha relação com o sucesso e a exposição foi distorcida. No entanto, para mostrar a raiz disso, terei que contar mais sobre minha família.

AS RAÍZES DE NOSSA AMBIÇÃO

Como muitos de nós, fui criada em um sistema familiar desafiador, com abundância de doenças físicas e mentais. Meu pai, Mohammed, tinha cabelo preto grosso e ondulado e sotaque forte. Ele nasceu em Bagdá, em um momento turbulento de transição de regime. Nossa família era abertamente contra as forças tirânicas do governo que se formava, tanto que foram todos presos e torturados, incluindo meu pai. Embora ele fale muito pouco daquela época, sei que a cicatriz é profunda.

Em 1980, em meio à residência médica, meu pai fugiu para o Reino Unido, onde conheceu minha mãe. A síndrome do sobrevivente, o transtorno de estresse pós-traumático e outros distúrbios de saúde mental tornavam difícil criar uma família. Depois de um início desafiador na medicina profundamente hierárquica do Reino Unido, meu pai se convenceu de que a vida nos Estados Unidos seria melhor, e nós nos tornamos uma das muitas famílias de imigrantes perseguindo o sonho americano.

No início dos anos 1990, os Estados Unidos entraram em guerra com o Iraque, e tenho certeza de que isso impactou mais meu pai e sua ambição do que posso imaginar. Nós nos mudávamos constantemente, no desespero dele para encontrar seu lugar no mundo. Como alguém que havia se formado fora do país, tinha pele marrom-escura e um nome que ligava alertas em todos os lugares havia décadas, meu pai enfrentava muitos obstáculos no mercado de trabalho. Como um sobrevivente, ele sentia uma pressão enorme de fazer algo grandioso na vida, e por isso buscava de forma incessante se tornar um cirurgião famoso, mesmo quando nada parecia dar certo. Foi sua relação dolorosa com a ambição e seu desejo insaciável de ser a pessoa mais inteligente em seu círculo (quando os outros muitas vezes o desprezavam apenas com base em sua identidade) que me levou a analisar minha relação com trabalho e valor próprio.

Quando criança, muitos de nós devem ter visto parentes que tinham uma relação distorcida com trabalho e ambição, e tal dinâmica nos influencia até hoje. Talvez sua mãe imigrante precisasse trabalhar demais para pagar a contas, e agora você faz a mesma coisa apesar de ter segurança financeira. Talvez você tenha visto os homens da família obterem poder a partir de sua posição econômica e agora mantém esse comportamento. O que vimos na infância tem um efeito sobre o que consideramos "típico", "aceitável" ou até mesmo "bom".

Nossas feridas centrais, ou seja, as feridas emocionais que marcam nossas primeiras experiências com mágoa e rejeição, também distorcem a relação que temos com a ambição. Quando minha família se mudou para os Estados Unidos, a vida parecia idílica. Eu me lembro de ficar andando de triciclo na frente do nosso prédio, de tomar sorvete de baunilha nas tardes quentes de verão, de brincar nos balanços com Zahra, minha irmã mais velha. Se esse período da minha vida não foi afortunado, eu não tinha ideia disso. Alguns anos depois, no entanto, tudo mudou. Zahra, na época com oito anos, foi diagnosticada com diabetes tipo 1, o que abalou nossa família. Sentindo a instabilidade em casa, decidi (inconscientemente) que não causaria nenhum transtorno a mais. Então comecei a desempenhar o papel da "criança invisível", termo usado para descrever irmãos de pessoas com doenças crônicas ou deficiências.

Crianças invisíveis muitas vezes são negligenciadas; sofrem pressão para não trazer problemas e ser perfeitas, de modo a não sobrecarregar o sistema familiar. Ao não receber mais a atenção e o apoio que precisava dos meus pais, decidi que seria tão autossuficiente e prestativa quanto possível. Não havia um termo para isso na época, mas não importava: eu me tornei a criança invisível perfeita em todos os sentidos. Essas primeiras experiências me tornaram uma adulta muito independente e perfeccionista, me empenhando para ser vista em um mundo que muitas vezes me julgava apenas por meu nome árabe e minha aparência "exótica".

Entende como a minha relação instável com a ambição foi moldada ainda na infância? Talvez você tenha uma história parecida. Minha perspectiva vinha da dor e de uma vida segundo a definição dos outros de sucesso — como é para a maioria de nós. Todos temos feridas emocionais resultantes de graus variados de sofrimento, desafio e trauma que moldaram nossa vida — e, em consequência, a relação que temos com a ambição — de diferentes maneiras. Talvez seus pais não fossem muito presentes durante sua infância, o que culminou em uma necessidade de ser visto que só será satisfeita quando você conseguir trabalhar na TV. Talvez a falta de privilégios no âmbito acadêmico agora faça com que você sinta necessidade de provar seu valor por meio da obtenção de diplomas de pós-graduação. Talvez, como eu, você tenha um parente com uma doença crônica física ou mental que te obrigou a ser tão independente a ponto de se sentir quase invisível, e portanto construiu sua vida em torno de conquistas, para se sentir visto. Todos temos uma história e, a menos que nos reconciliemos com a dor envolvida, ela pode nos levar a lugares nem um pouco saudáveis.

A questão, no entanto, é: apesar da relação de meu pai com o esforço, de eu ter sido uma criança invisível e das inúmeras forças culturais que moldaram minha relação com a ambição, era eu quem sofria pelo modo como vivia — então cabia a mim fazer algo a respeito.

POR QUE ESCREVI ESTE LIVRO

Depois do meu problema de saúde, saí da empresa que havia passado anos construindo — uma agência de marketing — e aceitei um trabalho em tempo integral na indústria do bem-estar, que vinha crescendo. Na esperança de mudar de vida, me inscrevi em um programa de coaching. Adorei esse início, e fui além. Obtive várias certificações, estudei nutrição, atenção plena, movimento e coaching. A filosofia védica, a qual estudei no curso de meditação, diz: "Busque aquilo que encanta você". O que eu entendia como: "Siga seu guia interior". Explorar todos esses temas era uma maneira de honrar minha intuição. Eu não tinha totalmente claro o que ia fazer com aqueles estudos, porém meu sexto sentido apontava para eles.

As posições que ocupei trabalhando com marketing de bem-estar foram muito mais saudáveis para mim que a empresa que eu havia criado, porém ainda sentia uma desconexão profunda entre o que estava fazendo e quem realmente era. Conquistava os títulos que almejava, porém sentia que representava um papel em um palco que não havia sido construído para mim — e talvez seja assim que você se sente agora. Lembro-me de ter pensado na época: *Poxa... Isso é o que eu achava que queria? Por que a sensação não é boa?* Uma parte de mim ainda alimentava a ambição a partir da dor, e eu fazia o trabalho que achava que *devia* fazer.

Depois de largar outro emprego que não era para mim na indústria do bem-estar, fiz o que sempre faço: arrastei-me chorando até minha almofada de meditação e passei semanas ali, rezando por um milagre. Sempre fui uma pessoa espiritualizada. Cresci em um lar religioso, onde muitas vezes me incentivavam a buscar respostas em Deus ou em um poder maior. Até hoje, quando a verdade não se manifesta de pronto, recorro a meus ancestrais e guias em busca de sabedoria. Aquele momento em particular parecia uma crise existencial — e algo me diz que você conhece essa dor bem demais.

Um dia, enquanto eu meditava, meu avô — ou *jidu*, como dizemos em árabe — veio até mim e disse: "Ensine a si mesma". Era comum meus antepassados me mandarem mensagens. Venho de duas culturas coletivistas, e meus avós eram uma parte importante da minha vida. Representavam minha segurança. Sempre tinham oferecido à minha família um lugar onde ficar quando estávamos de mudança de uma casa para outra, ajudavam meus pais com as contas quando preciso e eram uma fonte de amor incondicional para mim e minhas irmãs. Eu sempre sentia que tanto meus avós na Terra quanto aqueles no céu estavam cuidando de mim.

Daquela vez, no entanto, fiquei um pouco surtada com a mensagem e cheguei a questionar sua validade. *Era mesmo meu avô? Ou inventei isso porque estou desesperada por uma resposta?* Quando contei o que havia acontecido a uma professora, Rha Goddess, ela assentiu como se seus ancestrais a visitassem diariamente para transmitir mensagens.

As palavras de *jidu* pareciam um convite a descobrir mais sobre mim mesma e ir mais fundo, e decidi levar a mensagem a sério. Afinal, minha carreira permanecia instável. Eu não podia continuar vivendo como uma versão ferida e compartimentalizada de mim mesma, buscando o sucesso tal qual a sociedade o definia para mim. Isso tinha prejudicado meu corpo e meu espírito, e minha carreira tampouco andava bem. Mal não faria.

Então comecei a planejar meu trabalho e minha carreira de uma maneira que honrava minha totalidade; não apenas minha motivação e meus desejos, mas minha necessidade de descanso e de recuperação também. Aliei minha experiência com negócios às ferramentas de bem-estar, à mudança de mentalidade e à cura energética, além da minha experiência como coach, para criar um currículo que abordasse mente, corpo, alma e carreira na busca por viver meu propósito. Percebi que quando todas as nossas peças se encaixam, podemos, de fato, *prosperar*.

Seguindo o processo que criei, comecei a:

- Refletir sobre minha mentalidade relacionada a conquistas.
- Examinar minha relação com o bem-estar, notando onde e por que eu espremia até a última gota de produtividade do meu corpo e com que finalidade.
- Explorar minhas feridas centrais e máscaras correspondentes, além da dor que geravam em minha vida.
- Educar-me sobre os sistemas de opressão que atrapalhavam integrantes de grupos historicamente excluídos.
- Ter uma conversa muito franca comigo mesma (e com meus guias) quanto a qual é meu chamado nesta vida e como atender a ele.

Ao longo do caminho, desvendei uma rota compassiva para meus sonhos, a qual já ensinei a milhares de clientes — e que vou delinear neste livro.

Na parte I, examinaremos as forças que motivam uma relação dolorosa com a ambição — de nossas feridas e mentalidades pessoais até as estruturas sociais que moldam nossas experiências, e o preço que elas nos cobram. Na parte II, aprenderemos a criar uma vida centrada na ambição baseada em um propósito, ou no tipo de crescimento que honra sua verdade mais profunda. Descobriremos sua vocação, reconheceremos e honraremos seus dons inatos e aprenderemos a construir uma vida de contentamento. Minha esperança é que, ao fim deste livro, você se sinta empoderado a perseguir seus desejos de uma maneira que nutra não apenas você, mas sua comunidade e o planeta.

ESTE É O MELHOR MOMENTO PARA SE LIVRAR DA ARMADILHA DA AMBIÇÃO SEM PROPÓSITO

Diferentemente da retórica da autoajuda mais popular, acredito que a maneira de alcançar um relacionamento mais saudável com a ambição não é nos esforçar ainda mais, tampouco realizar um esforço apenas em nível individual — a cultura do trabalho sem fim, a era *girlboss* e os anos de pandemia deixaram claro quão equivocada essa ideia é. O verdadeiro sucesso não vem de fazer mais, e sim de sermos mais autênticos, facilitando as coisas e trabalhando de forma *coletiva*. Para que haja uma verdadeira mudança, o trabalho em nível individual e coletivo deve ser equivalente.

Ao longo dos anos, enquanto meu negócio crescia, tornei-me a coach de referência dos líderes historicamente excluídos, construindo uma lista de clientes visionários e notáveis repleta de mulheres, pessoas racializadas, queer e com deficiência. Eu amava meu trabalho. Podia assistir da primeira fileira a lideranças incríveis que sempre foram subestimadas colhendo seus louros afinal. Aquilo me dava esperança e oferecia uma prova de que a mudança era possível. Era uma das coisas mais gratificantes que eu já tinha vivenciado.

Então 2020 chegou. Imediatamente antes de a pandemia estourar, eu viajava pelo país dando palestras, conduzindo treinamentos e oferecendo coaching — então tudo parou de repente.

Em 25 de maio de 2020, George Floyd foi assassinado nos Estados Unidos. Sua morte violenta se seguiu às de Breonna Taylor, em março, e de Ahmaud Arbery, em fevereiro, motivando manifestações e protestos ao redor do mundo. Ao mesmo tempo eu assistia horrorizada à escalada de mortes de norte-americanos negros em consequência da covid-19. Meus clientes negros nem precisavam tocar no assunto: estava em todos os noticiários. Os assassinatos de Floyd, Taylor e Arbery, e a taxa de mortalidade impressionante dos norte-americanos negros na pandemia reforçaram o que muitos de nós já sabiam: que as vidas negras ainda são vistas como dispensáveis nos Estados Unidos. De novo comprovava-se que a hierarquia racial norte-americana continuava viva e bem.

Essa hierarquia racial também era reforçada no mundo do trabalho. Naquele verão vimos muitas líderes empresariais proeminentes serem questionadas por práticas comerciais injustas e preconceitos raciais. Incluindo Yael Aflalo, fundadora e CEO da Reformation, que respondeu a acusações de racismo,[5] Leandra Medine Cohen, da Man Repeller, por sua "tentativa performática de encobrir ações racistas",[6] e Steph Korey, cofundadora e co-CEO da Away, marca de malas de viagem, pela maneira como "repreendia funcionários regularmente"[7] e "valorizava mais sua própria reputação que o bem-estar da empresa e dos funcionários".[8] Parecia que essas mulheres estavam vivenciando diferentes formas de "cancelamento", acusadas de, em sua jornada ambiciosa para chegar ao topo, incorrer em comportamentos prejudiciais e enviesados — pelo que, na era do acerto de contas racial, estavam sendo responsabilizadas. (É importante esclarecer que as três mulheres mencionadas mudaram de cargo.)

Na época eu liderava a divisão de coaching da Inspire Justice, uma organização irmã da minha empresa. Ofereci mentoria a muitas dessas celebridades dos negócios, como as mencionadas, e descobri que boa parte do meu trabalho era apoiá-las no processo de responsabilização no sentido de descobrir onde haviam causado mal, como repará-lo e como agir diferente no futuro. Uma das lições que ficou bastante clara no processo — e que ressoava com minha história pessoal — foi que, quando vivemos e lideramos a partir da dor, perseguindo a ambição a qualquer custo, machucamos todos a nossa volta e até nós mesmos.

Todos podemos cometer erros — mesmo quem pertence a grupos marginalizados e trabalha por uma boa causa —, porque somos humanos. No entanto, todos precisamos fazer as devidas reparações e aprender. Essa se tornou a lição definitiva, aquela que integrou todos os meus ensinamentos.

Uma relação desequilibrada com a ambição já fez com que muitos de nós tropeçassem neste momento sem precedentes da história, porém os movimentos de justiça das últimas décadas — da Primavera Árabe e do #MeToo até os protestos por justiça social de 2020, o ativismo climático e a revolução atual no ambiente de trabalho — estão acabando com as ilusões. Mas não rápido o suficiente. Sabemos que precisamos de uma mudança no poder e de uma liderança diferente. Estamos em um momento de parada global, em que precisamos examinar como lideramos e por que o modelo atual não está funcionando — e nunca funcionou de verdade.

Sei que você está cansado de sua relação conturbada com o crescimento. Sei que adoraria que outro caminho fosse possível — e eu acredito que seja. Ambição não deve envolver trocar o senso de si por sucesso. Nossos desejos nunca deveriam envolver explorar os outros para conquistar o que queremos. Se precisamos nos convencer de que nosso corpo é um dano colateral necessário para que nossos sonhos se tornem realidade, é porque não se trata do trabalho e da vida certa para nós.

Se você é uma mulher lidando com a desilusão do feminismo corporativo, um imigrante buscando uma vida melhor ou outra pessoa marginalizada com um desejo, tentando se situar no sistema, é alvo fácil da armadilha da ambição sem propósito. Queremos crescer, subir de nível, ter a vida que desejamos, mas o custo muitas vezes é alto demais, e só nos damos conta disso quando pagamos a conta. Não podemos mais pagar tão caro.

Por vezes pode parecer que estamos dando um passo para trás, porém acredito que nos encontramos em um momento de realinhamento. Precisamos de um novo paradigma para avançar. É isso que pretendo mapear neste livro.

Imagine que você tem clareza quanto a seu propósito e como honrá-lo da maneira mais gratificante possível.

Imagine deixar de se esforçar tanto, de correr atrás, de sofrer — de uma vez por todas.

Imagine nunca mais sentir a agonia interminável de ter que se adequar a um ambiente de trabalho que não foi feito para você prosperar.

Imagine não ter que convencer seu corpo e sua mente a trabalhar em um ritmo insustentável.

Imagine sua ambição se desenvolvendo a partir de um propósito, e não da dor.

Minha esperança com *Ambição com propósito* é fornecer as ferramentas para que você finalmente possa honrar seu crescimento de maneira viável e consiga fazê-lo por mais que um breve período. Escrevi este livro para você e todas as pessoas que não seguem o molde da liderança tradicional, para aqueles que fizeram tudo o que os outros diziam que deviam fazer, até se darem conta de que aquilo não lhes trazia felicidade. Escrevi este livro para todas as boas almas que sentem um desejo ardente de liderar com mais empatia, equidade e respeito que aquelas que as precederam. Este livro também é para todos os aliados que enxergam a estrutura corrompida e gostariam de apoiar a mudança.

É só quando trabalhamos em nós mesmos que podemos nos tornar líderes saudáveis para os outros. É só quando nos reconciliamos com nossa ambição e nos libertamos da armadilha que podemos ajudar outros a se libertar também. Vamos buscar esse triunfo juntos — a hora é agora.

PARTE I

POR QUE SEU RELACIONAMENTO COM A AMBIÇÃO NÃO ESTÁ FUNCIONANDO

1. Ambição centrada na dor × ambição com propósito

> *A ambição é uma força poderosa. O poder dela transforma um desejo esperançoso em realidade. Coloca você no caminho certo para uma boa vida. A ambição legítima diz: "Quero algo a serviço dos outros, não à custa dos outros".*
>
> Jim Rohn, *The Power of Ambition*[1]

Muitas mulheres com quem trabalhei no auge dos protestos pedindo justiça social em 2020 prejudicaram a si mesmas e aos outros porque sua liderança tinha como base uma dor *e* porque lidavam com circunstâncias injustas. Já fui essa pessoa. Talvez você também tenha sido. Há pouquíssimos lugares para mulheres no topo, e ainda menos para mulheres racializadas ou que vivem nas interseções. Somos ensinadas a brigar pelo melhor e a competir com nossas irmãs, porque o mundo exterior nos diz que não há o bastante para todas. Depois esperam que cresçamos a um ritmo insustentável, que nos obriga a pegar atalhos. Como enxergamos tudo a partir de um lugar de escassez ou dor, não temos como evitar as ciladas.

Muitos de nós acreditam que, para continuar a ser importantes e nos sentir dignos, precisamos ser os mais rápidos, os melhores, os mais notáveis. A verdadeira armadilha, no entanto, é acreditar nisso. Acreditar que estamos competindo para chegar ao topo. Não estamos todos juntos em uma única montanha — cada um está em sua própria montanha cármica. A maioria de nós persegue seus objetivos a partir da dor — esse é o paradigma dominante. Porém imagine o que seria possível se, em vez disso, corrêssemos atrás de nossos sonhos com base em um propósito.

Minha cliente Eve é uma executiva influente em uma das maiores empresas de biotecnologia do mundo. Ela chegou a ganhar prêmios jogando futebol na faculdade, e sua natureza competitiva se manifestava na carreira também. Eve havia sido programada para ser bem-sucedida, independentemente do custo disso para si mesma ou para seus colegas de equipe. E funcionava. Ela fez um nome na indústria e ganhou muito dinheiro, embora sentisse que não era muito querida. Eve me procurou porque estava tendo problemas com o RH por conta do seu estilo de liderança e de como fazia com que as pessoas de sua equipe se sentissem. Ela descobrira que alguns de seus colegas a chamavam de "dragoa". (Eve é de origem asiática, de modo que eu poderia me estender longamente sobre o racismo operando aqui.)

Quando nos conhecemos, pedi que ela me contasse mais sobre sua vida, para ter uma ideia de como havia chegado ao lugar em que se encontrava. Tentando segurar as lágrimas ela me disse que, quando pequena, morara em lares temporários e era passada de família em família. Uma das maneiras que aprendera de criar segurança para si era dando mais duro que os outros. No escritório Eve era sempre a primeira a chegar e a última a ir embora. Ela era incansável quando se tratava de tornar seus projetos bem-sucedidos, e espremia até a última gota de produtividade de si mesma e dos funcionários que gerenciava. Como resultado, eles acabaram procurando o departamento de recursos humanos por conta da pressão absurda que sofriam. Os integrantes da equipe também mencionaram seu estilo de comunicação duro, que fazia com que sentissem que não eram pessoas que mereciam respeito, mas recursos dispensáveis.

À medida que exploramos a questão em nossos encontros, ficou claro para mim que o desejo de Eve de ser bem-sucedida na verdade consistia em uma tática de sobrevivência relacionada ao abandono, uma ferida emocional ocasionada pelo sistema de acolhimento familiar em que ela fora criada. Eve tinha certeza de que, se trabalhasse o bastante, reunisse o máximo de prêmios e fosse reconhecida como a "mais bem-sucedida", seria amada. E se seu desempenho fosse consistentemente alto, nunca a abandonariam. Ironicamente era a maneira como Eve se comportava para obter esse sucesso que afastava as pessoas. Quando começamos a explorar essa ferida central juntas, foi como se ela passasse a ver a vida toda sob outra lente.

AS ARMADILHAS DA AMBIÇÃO CENTRADA NA DOR

A maior parte de nós conhece apenas a ambição disfuncional: um desejo implacável de ser bem-sucedido, independentemente do custo. *Para que eu ganhe, todos os outros têm que perder*, pensamos. Mas ambição em si não é isso, é algo natural e neutro. Em suma, é um desejo por mais vida. Um impulso a se desenvolver, evoluir, florescer. A grama quer crescer, as árvores querem se estender em direção ao sol, todos queremos prosperar. A essência dos seres vivos é a motivação por mais, e, como humanos, somos a única espécie que pode escolher direcionar nosso avanço. O problema, no entanto, é quando esse esforço começa a ter um custo — para nós e para os outros — na saúde, nos relacionamentos, na paz de espírito, na identidade. Isso não é ambição em sua forma neutra e natural, mas em sua mais dolorosa versão.

A ambição centrada na dor é o desejo voraz de avançar, não importando o custo para nós mesmos e para as pessoas a nossa volta. Esse tipo de ambição tem algumas marcas registradas:

Não ter consciência dos sistemas que moldam a ambição.
Você não tem consciência dos sistemas que moldaram você e as pessoas a sua volta, e acredita que todos temos oportunidades iguais de chegar aonde queremos.

Ter uma mentalidade fechada.

- Você teme o fracasso. É perfeccionista e não perdoa falhas em si ou nos outros.
- Você tem um pensamento dicotômico, do tipo "ou isto ou aquilo".
- Você tende a viver com base em crenças limitantes e lidera com julgamento.
- Você parte de um lugar de escassez.
- Você é motivado pela necessidade de ser visto e ouvido pelos outros. Você depende de validação externa.

Buscar a vitória, não importa o custo.
Você deseja vencer, obter sucesso e ser reconhecido ou querido, e sente necessidade de ser o melhor. Busca o sucesso

impelido por sentimentos de inadequação e faz escolhas baseadas no que acredita que *deveria* fazer.

Concentrar-se no individualismo e no acúmulo de poder.
Você só se interessa pelo "eu" e por brilhar sozinho. Acredita que o reconhecimento e os recursos em geral são escassos, ou para poucos, então quer tudo para si.

Instrumentalizar a si mesmo.
Você sobrecarrega seu corpo e sua mente para ficar à frente, desumanizando a si mesmo e aos outros com essa forma intensa de trabalhar. Você se sacrifica.

Ter uma positividade tóxica.
Você busca apenas a felicidade e evita ou rejeita emoções desafiadoras.

Impor-se urgência.
Você avança a um ritmo insustentável para provar a si mesmo sua eficiência. Você age com base no medo, incitando pânico em si e nos outros.

A maioria de nós acredita que incorporar essas características é ser ambicioso, mas na verdade esse tipo de ambição é centrado na dor. Tenha em mente que não se trata de uma questão de tudo ou nada. Pode ser que você aja de alguma dessas formas em momentos de estresse ou quando está com outras pessoas que incorporam essas características, porém é muito raro que elas sejam onipresentes. E é incomum assumir todos os atributos ao mesmo tempo. Em geral um ou dois traços nos incomodam mais. Iremos mais a fundo nisso no próximo capítulo.

IDENTIFICANDO SUAS FERIDAS CENTRAIS

O que há por trás do desejo insaciável de ser bem-sucedido? Na maioria dos casos, uma necessidade de se sentir amado, valorizado, digno — embora com frequência haja um abismo enorme entre nós e esses sentimentos. O abismo é a ferida central, um dos motores da ambição centrada na dor. Em termos bastante simples, esta é uma parte machucada, porém inconsciente, de nós, originária de momentos de angústia em nossos anos de formação. Esses momentos nos levaram a cimentar certas crenças a nosso respeito — por exemplo: *Preciso trabalhar duro para ser amado* —, que agora motivam nossos pensamentos e ações, os quais reforçam essas crenças negativas, em um ciclo sem fim.

Eu lembro que, nos primeiros anos da minha carreira, o desejo de conquistar me desgastava tanto que eu mal conseguia acompanhá-lo. Com frequência pensava: *Não posso querer um pouco menos, ou ser feliz onde estou?* A resposta era sempre um *não* enfático, porque, quando há uma sede metafórica em nossa vida, a ferida gigantesca e oculta nos força a querer mais. Em geral o desejo é tão profundo que não há sucesso, dinheiro, comida, álcool ou objetos caros capazes de preencher o buraco. Se não ficarmos atentos, essa sede nos mantém em um esforço constante para buscar externamente o que precisamos encontrar internamente. A ferida de Eve relacionada a abandono era tão profunda e seu desejo de vencer era tamanho que acabaram lhe rendendo muitos confrontos dolorosos — de empregos que não serviam para ela a relacionamentos desafiadores. Seu desejo de ser vista, amada e de se sentir digna fazia com que ela fosse atraída por papéis nos quais teria que se esforçar muito, porque em sua infância aprendera que status e prêmios criavam um grau de segurança e controle. Ela buscava oportunidades em que os desafios eram tão grandes quanto suas dores.

Em seu livro *As cinco feridas emocionais*, Lise Bourbeau defende que há cinco feridas centrais que todos vivenciamos: rejeição, abandono, humilhação, traição e injustiça.[2] Vamos entender cada uma delas.

> **Rejeição:** Você sentia que não era aceito quando criança. Talvez seus cuidadores estivessem sempre ocupados, ignorassem você e deixassem que se virasse sozinho. Talvez parecesse que suas necessidades não importavam e que não havia uma conexão verdadeira entre vocês.
>
> **Abandono:** Você se sentia deixado de lado quando pequeno e agora, na idade adulta, ainda teme ser negligenciado — inclusive por si mesmo. A ferida de abandono costuma aparecer naqueles que se sentiam profundamente sozinhos quando pequenos. Talvez seus cuidadores trabalhassem muito, viajassem com frequência ou fossem ausentes, em consequência de um divórcio. Como resultado, você se sentiu deixado para trás e agora teme que isso possa se repetir.
>
> **Humilhação:** Você sente que era motivo de vergonha para um ou mais de seus cuidadores. Havia uma sensação subjacente de que você não podia ficar alegre ou de que não estaria seguro em sua alegria. Você tem um medo fundamental de ser constrangido. Talvez seus cuidadores tivessem vergonha de seus atributos físicos — seu peso, por exemplo. Talvez eles estivessem sempre tentando "consertar" você — o que só levava a mais dor e vergonha. Mesmo adulto, você tem medo de ser visto porque se preocupa com a possibilidade de ser constrangido novamente.

Traição: Você vivenciou sentimentos de decepção em relação a seus cuidadores, o que quebrou sua confiança. Talvez você sinta que eles não atenderam a suas expectativas. Talvez eles fizessem promessas demais e falhassem em cumpri-las, de modo que você sentia que não podia confiar neles. Talvez eles esquecessem aniversários e eventos importantes, ou escolhessem o trabalho ou outras pessoas em vez de você.

Injustiça: Você sente que sua individualidade foi podada na infância. Provavelmente um cuidador reagiu negativamente a alguma questão relacionada a sua personalidade. Bourbeau define justiça como "a apreciação, o reconhecimento e o respeito dos direitos e do mérito de cada um".[3] Assim, quando sentimos que não somos valorizados por quem somos, não nos sentimos respeitados, ou acreditamos que estamos recebendo o que realmente merecemos. Talvez seus cuidadores ridicularizassem sua natureza vivaz e cheia de energia, e até hoje você sente que as pessoas não te entendem, o que parece injusto.

Talvez você tenha lido a lista completa e sentido que mais de uma ferida ecoou. Na verdade muitos de nós têm uma, duas ou todas as cinco presentes em nossa vida, em graus variados. Algumas podem até caminhar de mãos dadas. Por exemplo, você pode ter se sentido abandonado, e portanto também vivencie certo grau de rejeição. Nunca conheci (pelo menos não ainda) ninguém que não tenha nenhuma das feridas centrais. Então, se você leu a lista uma vez e não se identificou com nenhuma, talvez possa dar um tempo e revisitá-la depois.

Um padrão que notei é que quanto maior o desejo de ser visto — de ganhar dinheiro e realizar coisas sem um propósito real —, maior a ferida.

Não estou dizendo que não deveríamos querer riqueza ou reconhecimento. Você deve conseguir tudo o que deseja no mundo! Na verdade precisamos que mais pessoas de grupos historicamente excluídos sejam ricos, para que se torne mais fácil promover uma mudança. O ponto aqui é a intenção, ou seja, se nosso esforço é motivado por uma tentativa de preencher vazios deixados por nossas feridas emocionais ou por um propósito e um senso de si profundamente arraigados.

TIRANDO A MÁSCARA

Cada ferida central é acompanhada de uma "máscara" correspondente, ou uma reação particular moldada como resultado da experiência inicial de ferimento. Em algum momento da infância aprendemos sobre vergonha, culpa, medo e julgamento, e então deixa de ser seguro sermos nós mesmos. Internalizamos que certas qualidades são favoráveis e outras não. De acordo com Bourbeau, a criança "cria uma nova personalidade, tornando-se o que os outros querem que ela seja".[4] Isso se torna toda a nossa identidade, já que vivemos com a máscara no rosto dia após dia. Não necessariamente porque nossos pais nos fizeram mal (embora em alguns casos sim). Trata-se de um rito de passagem humano. Nossa jornada na vida envolve nos livrar das máscaras com a sensação de que é seguro voltar à nossa essência.

Vamos considerar as máscaras que correspondem a cada uma das feridas centrais:

FERIDA	MÁSCARA
Rejeição Você sentia que não era aceito quando criança.	**Retraimento** Você sente necessidade de fugir de pessoas e experiências que provocam desconforto. Você se torna evitativo.
Abandono Você se sentiu deixado para trás quando criança e tem medo de ser negligenciado na idade adulta — inclusive por si mesmo. Provavelmente cresceu com um sentimento profundo de solidão.	**Dependência** Você depende emocionalmente de parceiros e das pessoas mais próximas, e sente que não consegue dar conta sozinho.
Humilhação Você sente que era motivo de vergonha para um ou mais de seus cuidadores. Havia uma sensação subjacente de que você não podia ser feliz ou de que não estaria seguro em sua felicidade.	**Masoquismo** Você põe as necessidades dos outros acima das suas. Você é prestativo demais. Você experimenta culpa ao sentir prazer e pode até bancar o mártir.
Traição Você se decepcionou e sentiu que sua confiança foi quebrada por seus cuidadores. Você sente que eles não atendiam a suas expectativas.	**Controle** Você sente necessidade de controlar tudo a sua volta. Tem dificuldade em confiar nos outros e prefere fazer as coisas sozinho.
Injustiça Você sente que sua individualidade foi podada na infância. Você provavelmente teve uma resposta negativa de um cuidador em relação a sua personalidade. Você sentia que não era valorizado por seu verdadeiro eu e que não recebia o que merecia.	**Rigidez** Você sente necessidade de viver em um mundo perfeito, onde não há lugar para a dor e o desconforto. Você escolhe trabalhar duro para bloquear sua sensibilidade e é muito exigente consigo mesmo.[5]

Podemos usar essas máscaras para sempre, o que atrapalha nossas intenções, ou podemos tirá-las e realizar o trabalho necessário para curar as feridas. Foi isso que Alana percebeu quando veio trabalhar comigo.

Alana é uma cliente antiga que mora em Chicago. Ela é generosa, bem-sucedida e querida; tem um casamento feliz e dois filhos ótimos. No entanto, quando começamos a trabalhar juntas, Alana sentia uma ansiedade profunda. Em nossa primeira reunião, ela me contou histórias de tokenismo, a inclusão superficial de grupos sub-representados para passar uma imagem de diversidade, e sobre como a empresa em que trabalhava gostava de exibi-la em eventos de recrutamento como sua funcionária mulher mais bem-sucedida. Alana havia pedido demissão e pretendia buscar outro emprego, porém não queria "cometer os mesmos erros". Sua tendência a se esforçar para agradar a todos, não respeitar seus limites e ser codependente a havia deixado esgotada, abatida e em uma espécie de crise existencial. Alana tinha um forte desejo de realizar um trabalho mais conectado e significativo.

A primeira atividade que realizo com clientes é o que chamo de Exercício dos Marcos. Peço que me contem a história de sua vida baseada em dez a quinze experiências que resumem o que veem como picos (pontos altos), fundos do poço (pontos baixos) e momentos de virada (quando grandes mudanças ocorreram). (Se você tiver meia hora disponível, faça isso agora.) Com esse exercício, tenho uma noção de quem eles são, como veem sua história e suas feridas centrais. À medida que Alana dividia tanto os momentos dolorosos quanto os de comemoração comigo, mostrando sua vulnerabilidade, ficou claro para mim que suas feridas estavam relacionadas a abandono, humilhação e traição, em parte por conta do divórcio dos pais. Na lembrança de Alana, quando chegou a hora de decidir a questão da custódia, o pai "simplesmente abriu mão" dela. Isso solidificou sua crença de que não era "boa o bastante", e, a menos que ela se esforçasse muito e agradasse a todos, sempre seria abandonada. Naquele momento Alana decidira que seria sempre a melhor. Porque, se fosse a mais inteligente, ou a mais rápida, não poderia ser ignorada ou desconsiderada. As pessoas teriam que escolhê-la. Assim, 35 anos depois daquela experiência, ela continuava usando as máscaras do controle e do masoquismo, sacrificando sua saúde e felicidade para provar que era insuperável, e por isso digna e merecedora de amor.

A ironia é que, quando nos desdobramos para que as outras pessoas nos escolham, acabamos nos abandonando. Foi só quando Alana chegou ao auge da carreira que se deu conta de que nada daquilo fazia com que se sentisse feliz, ou mesmo "boa o bastante". Não havia prêmios, palavras de afirmação, bônus ou títulos que pudessem curar aquela ferida. Seria necessário lidar com a questão trabalhando com sua criança interior.

EXERCÍCIO

IDENTIFIQUE SUAS FERIDAS CENTRAIS

1. Em dez tópicos, escreva a história de sua vida em ordem cronológica. Identifique os que tratam de pontos altos, pontos baixos e momentos de virada.
2. O que você nota em sua narrativa?
3. Há indícios perceptíveis de suas feridas centrais? A partir da lista na página 50, com que ferida(s) central(is)

e máscara(s) você mais se identifica? Onde você vê isso em ação em sua vida?

4. Liste cinco experiências desafiadoras pelas quais passou nos últimos anos. Há algum tema recorrente? É possível relacioná-las a suas feridas e máscaras?
5. Acesse aminaaltai.com/bookresources (em inglês) para baixar uma meditação diária com o intuito de curar sua ferida central. Realize a atividade por trinta dias e faça anotações relacionadas à experiência depois de cada meditação.

O EFEITO DOMINÓ DA AMBIÇÃO CENTRADA NA DOR

Quando não tratada e não controlada, a ambição centrada na dor pode não apenas nos machucar, mas também ferir os outros, principalmente quando nos encontramos numa posição de poder. Você já foi acusado de não saber trabalhar em equipe? Seu perfeccionismo levou você e as pessoas a sua volta a se extenuar? Você já botou o sucesso acima das pessoas em sua vida?

Muitos de nós, como minha cliente Nicole, não sabem que a ambição pode afetar os outros, até que isso custe nossa reputação e nossos relacionamentos. Nicole era uma palestrante profissional brilhante, que viajava o país fazendo discursos emocionantes para grandes públicos. Como feminista, queer e grande defensora dos direitos LGBTQIAPN+, ela contava histórias que não se ouve com frequência, e era acostumada a falar sobre temas delicados e áreas da mulheridade que no geral ficam relegadas à sombra. Um dia, no entanto, ela foi acusada de capacitismo e microagressões variadas contra colegas com deficiência, o que fez com que perdesse sua posição.

Quando começamos nosso trabalho juntas, Nicole sentia uma vergonha tão profunda que mal conseguíamos abordá-la. Ela sempre tivera orgulho de defender a justiça social, um indivíduo bem-intencionado e empenhado em ajudar pessoas marginalizadas, principalmente no trabalho. Como poderia ter perpetuado as microagressões contra as quais se colocava, e com aqueles com quem se importava, em grupos demográficos que rotineiramente priorizava?

De início realizamos um exercício de autoconsciência. Pedi que Nicole listasse de três a cinco experiências desafiadoras pelas quais havia passado nos últimos cinco anos. Em nossa conversa, suas feridas e alguns temas começaram a emergir. O sentimento de traição que ela experimentara na infância se manifestava em uma ferida envolvendo controle, que agora estava à plena vista no trabalho. Nicole sentia necessidade de microgerenciar projetos e tinha uma tendência a levar seu próprio corpo ao limite no processo. Em consequência, demonstrava pouca compaixão quanto ao bem-estar físico e mental dos outros. Ela também era do tipo que acreditava que as pessoas venciam na vida por esforço próprio, ignorando o fato de que, para muitos indivíduos, um esforço maior exacerbava doenças ou deficiências. E Nicole preferia colaborar com pessoas que tivessem o mesmo tipo de relação dolorosa com a ambição. Como resultado, muitas vezes ela deixava colegas com deficiência de fora dos seus projetos, referindo-se às contribuições deles como "fofas" e menosprezando-os. Dessa forma, Nicole se comportava inadvertidamente de maneira capacitista.

Juntas começamos a explorar a diferença entre intenção e impacto. Fizemos uma lista que incluía como ela *pre-*

tendia liderar e qual era o *impacto* resultante de suas ações. Em alguns casos ambos estavam alinhados, como quando Nicole quis erguer a comunidade LGBTQIAPN+ e criou um grupo de apoio a esses funcionários. Em outros casos, o impacto de sua intenção era nocivo e feria aqueles que trabalhavam com ela. Por exemplo, embora pretendesse tratar a todos de forma igual, Nicole não sabia como reconhecer que cada um tem uma maneira de produzir e pode precisar de recursos variados — isso acontecia porque ela não trabalhara o suficiente seu viés inconsciente.

Ela acabou arranjando outro emprego, conseguiu reparar seus erros com a maioria das pessoas que havia magoado e aprendeu a liderar de outro modo na empresa nova. Em vez de operar a partir de uma ambição centrada na dor, ela passou a honrar as necessidades de seu corpo e trabalhar no sentido de curar suas feridas, e deixou de microgerenciar. Nicole passou a incorporar a ambição com propósito.

ABRAÇANDO A AMBIÇÃO COM PROPÓSITO

Como passar da ambição centrada na dor para a ambição com propósito? Envolver-se em uma relação propositada com a ambição exige que abordemos nossas feridas centrais e mudemos a orientação de nosso desejo por mais. Quando operamos a partir desse lugar, nosso crescimento não é mais movido pela dor. Em vez disso, recorremos a nosso propósito intrínseco e vivemos de uma maneira cujo impacto é positivo tanto sobre nós quanto sobre o mundo a nossa volta. Paramos de tentar fazer a vida acontecer para compensar a dor, e operamos de um lugar de integridade.

De muitas maneiras, apropriar-se da ambição com propósito pode ser como se encontrar. Muitos de nós constroem a vida, sem perceber, em torno de feridas; na verdade, com frequência somos celebrados por elas. E se não levássemos um "golpe" físico, emocional ou espiritual, provavelmente continuaríamos nos escondendo atrás delas. Sei que eu teria feito isso. Se não fosse por uma crise de saúde, teria continuado como estava, trabalhando demais por conta de uma sensação de não ser suficiente. O "golpe" é um convite do universo a uma nova forma de ser — uma maneira de dizer: *Chega. O que você está fazendo não está funcionando, e talvez nunca tenha funcionado*. Nesse momento temos a oportunidade de baixar a máscara e nos livrar de nossas camadas de proteção. Podemos curar nossa criança interior e construir a vida a partir da plenitude de nosso verdadeiro eu, em vez de viver e liderar com base em uma ferida aberta. É aqui que as circunstâncias mudam para melhor.

Em meu trabalho como coach, tive a oportunidade de ajudar algumas das pessoas mais importantes de nossa época, e percebi que fica absolutamente claro quando líderes avançam a partir de uma ambição *com propósito* e quando o fazem a partir de uma ambição *centrada na dor*. A ambição com propósito é pura e honesta. Quando é nutrida desse lugar, ela se torna uma força curativa para o bem.

Na parte II deste livro aprenderemos a passar da ambição centrada na dor para a ambição com propósito. Por ora vamos examinar como é a ambição com propósito.

Você questiona os sistemas que moldam a ambição.

Em vez de ignorar os sistemas e as ideologias que nos moldaram, você os questiona. Você reconhece que o ponto de partida não é o mesmo para todos.

Você tem uma mentalidade de crescimento.

- Você percebe que cada oportunidade na vida é uma chance de crescer, e que o perfeccionismo é um mito.
- Você questiona suas crenças limitantes.
- Você lidera com vulnerabilidade e compaixão.
- Você se centra na abundância.
- Você trabalha ativamente para validar e honrar a si mesmo. Você depende da validação interna.

Você é motivado por um propósito.

Em vez de se concentrar em vencer a qualquer custo, você deseja se conectar a um propósito, exercer um impacto positivo e mudar o que não funciona. Você quer crescer a partir de um lugar de integridade. Você faz escolhas baseadas em alinhamento.

Você se concentra na colaboração e em usar seus dons para ajudar o mundo.

Você conhece seus talentos e os usa para o bem maior, em vez de focar na competição. Você defende a colaboração, a diversidade, a equidade e a comunidade.

Você honra suas necessidades.

Você mantém uma colaboração amorosa com sua mente e seu corpo. Você centraliza seu cuidado e o cuidado de sua comunidade. Você não se desumaniza.

Você pratica o contentamento.

Você aceita todas as emoções e experiências e se concentra na equanimidade, rejeitando a positividade tóxica.

Você pratica ações alinhadas.

- Você avança na velocidade da confiança. Você tem consciência de prazos e obrigações, porém honra as pessoas e os processos necessários para criar um bom trabalho.
- Você prioriza a segurança psicológica em relação à pressa e ao medo.

Agora vamos considerar algumas diferenças entre a ambição centrada na dor e a ambição com propósito:

A ESTRUTURA DA AMBIÇÃO COM PROPÓSITO

(Esta estrutura foi inspirada pelo trabalho de Tema Okun e Kenneth Jones sobre vieses nos padrões de profissionalismo[6] — outras pessoas também falam sobre esse tema. Fico feliz em ver que reenquadrar a ambição faz parte de uma conversa cultural mais ampla.)[7]

AMBIÇÃO COM PROPÓSITO: UMA RELAÇÃO CONSCIENTE COM A AMBIÇÃO	AMBIÇÃO CENTRADA NA DOR: UMA RELAÇÃO INCONSCIENTE COM A AMBIÇÃO
Questionamento dos sistemas que moldam nossa ambição	Inconsciência dos sistemas que moldam nossa ambição
Mentalidade de crescimento	Mentalidade de escassez
Propósito como motivação	Vencer a qualquer preço como motivação
Centrada na colaboração e no uso dos dons pessoais para ajudar o mundo	Centrada no individualismo e no acúmulo de poder
Honra suas necessidades	Desumaniza você e os outros
Baseada no contentamento	Baseada na positividade tóxica
Ações alinhadas	Urgência autoimposta

Olhar para essa tabela e pensar em como você talvez opere a partir de uma ambição centrada na dor pode ser um tanto incômodo. *Será que sou péssimo e estou fazendo tudo errado?* Mas você não deve se envergonhar se sua ambição for centrada na dor, porque todos já passamos por isso. Provavelmente houve um momento na vida em que as características da ambição centrada na dor lhe foram úteis. A boa notícia é que humanos são altamente adaptáveis e podem aprender a mudar seus comportamentos com um pouco que seja de prática diária consciente. Meu objetivo é apresentar um novo paradigma, que apoie e ajude você a descobrir como está vivendo e por que vem liderando a partir da dor, e não da integridade.

EXERCÍCIO

IDENTIFICANDO A AMBIÇÃO CENTRADA NA DOR E A AMBIÇÃO COM PROPÓSITO

1. Que características da ambição centrada na dor você personifica?
2. Em que áreas da sua vida você segue mais a ambição centrada na dor (por exemplo, no trabalho, nas amizades, nos esportes)?
3. Há alguma condição particular que conduz você para a ambição centrada na dor (por exemplo, estresse, tempo curto, síndrome do impostor)?
4. Que características da ambição com propósito você personifica?
5. Que condições apoiam a ambição com propósito em você (por exemplo, segurança psicológica, pessoas compreensivas a sua volta, cuidar de si mesmo)?
6. O que você aprendeu ou notou a seu respeito nesta seção?

Poucas coisas na vida são mais confusas que se esforçar muito para chegar aonde queria e então se sentir ainda mais no fundo do poço.

Sei que você se cansou das dificuldades. Sei que te deixa exasperado o fato de que o mundo a sua volta nem sempre apoiou suas escolhas e seu modo de ser, e que isso alimentou sua relação dolorosa com a ambição. Sei que você não quer mais atrapalhar a si mesmo. Sei que o constante buscar, forçar e se desdobrar exauriu você. Eu vejo você. Sinto você. Sou você. E eis o que sei: quando se trata de curar nossa relação com a ambição e viver a vida que desejamos (coletivamente), é preciso pegar o que está trabalhando contra você — como sua mentalidade ou suas feridas — e usar como energia, combustível, uma abertura para promover a mudança. Como um de meus mestres espirituais me disse: "Precisamos usar o contraste para refinar nossa visão".

Para aqueles entre nós com uma identidade marginalizada a quem venderam o sonho do sucesso em um sistema que não foi projetado para que prosperássemos: eu vejo vocês. Queremos avançar, prosperar e realizar nossos sonhos mais desvairados — mas no mundo em que vivemos o custo às vezes é muito alto, e só percebemos isso quando é tarde demais. O preço de uma "vida bem-sucedida" não pode continuar tão alto. Cabe a nós reavaliar a relação que temos com a ambição e os espaços que criamos, e mostrar àqueles que vêm depois que há outro caminho a seguir.

RESUMO DO CAPÍTULO

- Todos temos feridas centrais da infância e criamos máscaras para escondê-las. Tais feridas muitas vezes são o combustível de nosso desejo de crescimento.
- A ambição é neutra e natural. Em termos simples, é um desejo por mais vida. Quando a ambição é motivada por nossas feridas, ela se centra na dor. Mas ela também pode estar conectada a nosso propósito.
- Há regras tácitas na sociedade quanto a quem pode ser ambicioso: em geral, homens brancos, cisgênero, heterossexuais e sem deficiência.

2. Mentalidades que atrapalham nosso desenvolvimento

Nunca é falta de educação
interromper seu falso self.

Jeff Brown, *Ascending with Both Feet on the Ground*[1]

O psiquiatra e psicólogo suíço Carl Jung uma vez disse: "Quando um fato interior não se torna consciente ele acontece exteriormente, sob a forma de fatalidade".[2] Com frequência penso em como essa dinâmica se conecta com nossa ambição. Qualquer tipo de história e crença pode se formar a partir das feridas centrais da psique. Algumas nos levam a alcançar nossos sonhos, porém a maioria tende a atrapalhar nossas intenções. Esse sistema operacional roda em segundo plano em nossa mente, dirigindo escolhas e influenciando pensamentos. Em geral não temos consciência dele. E, sendo assim, tais crenças guiam nossa vida em determinado sentido, fato que atribuímos ao acaso.

Meu amigo Khilaal é um médico e ativista de renome. Ele imigrou para os Estados Unidos aos oito anos, vindo da Malásia. Como no meu caso, o pai dele era médico, e sua família considerava que as únicas carreiras aceitáveis eram no direito, na medicina ou na engenharia. Sempre um bom garoto, Khilaal entrou na faculdade de medicina. Ele reprimiu seus verdadeiros sonhos e seu verdadeiro eu até terminar a residência, porque queria deixar os pais orgulhosos. Foi só em um dia muito sombrio, quando se encontrava no parapeito de seu apartamento em Manhattan, olhando para o asfalto frio lá embaixo e contemplando seriamente a possibilidade de dar um fim a sua vida, com lágrimas rolando pelo rosto, que ele se deu conta de quão inconscientes haviam sido suas escolhas. Khilaal estava vivendo para todos menos para si, e não suportava mais a dor excruciante daquilo tudo.

Por sorte e intervenção divina, Khilaal conseguiu voltar para dentro, transformado para sempre. Ele prometeu refletir sobre todas as maneiras como não estava sendo verdadeiro consigo mesmo e escrever uma história diferente para sua vida.

Esse exemplo doloroso é muito importante. A maior parte dos meus clientes, e talvez muitos de nós, sentem um mal-estar discreto, uma frustração ou decepção a respeito de como sua carreira e sua vida pessoal se desenvolveram. No entanto, às vezes esse descontentamento se torna tão profundo que nos leva ao limite, porque nossas crenças inconscientes relacionadas à carreira e à vida pessoal podem se apresentar como fatalidades. Se acreditamos que ambição significa crescer a qualquer custo, faremos o que for preciso para estar à frente. Ou toleraremos maus-tratos por parte dos outros, recebendo menos do que merecemos.

As palavras do coach de celebridades Tony Gaskins estão sempre comigo: "Você ensina as pessoas a tratarem você através do que permite, do que impede e do que reforça".[3] Muitos dos meus clientes percebem que seus desafios se intensificam porque eles não ensinam como devem ser tratados. Essas pessoas aceitam um salário mais baixo, mesmo sendo superqualificadas e trabalhando mais que seus pares, porque não *acreditam* que podem pedir mais. Elas aceitam a falta de apoio porque *acreditam* que pedir ajuda apenas provaria que são falhas. Elas aceitam abuso verbal e emocional porque *acreditam* que, se insistirem, haverá retaliação. E a maior parte de nós aceita essas coisas porque tem medo de não aceitar, e conclui que esse é o preço de uma vida ambiciosa. No entanto, somos nós que sofremos as consequências. O trabalho, como o lugar onde passamos a maior parte da vida, não deveria ser agradável, em vez de algo que apenas toleramos?

Carregar o peso de certas crenças nos impede de ter uma relação saudável com a ambição. Por outro lado, se acreditamos que ambição envolve crescimento a serviço dos outros, podemos orientar nossos pensamentos, nossas ações e experiências com mais propósito. É por isso que, quando se trata de criar o grande trabalho de nossa vida, precisamos ter clareza quanto à programação inconsciente que opera em nós.

E "inconsciente" é a palavra-chave aqui.

A RODA DA MENTALIDADE: COMO CRENÇAS TRANSFORMAM NOSSO CENÁRIO

O primeiro passo é aprender como essa programação funciona: nossas crenças governam nossos pensamentos, que guiam nossas ações, que produzem nossas experiências, que por sua vez reforçam nossas crenças. Essa progressão ficou conhecida como roda da mentalidade. O diagrama vem do livro *The Calling* [O chamado],[4] de Rha Goddess.

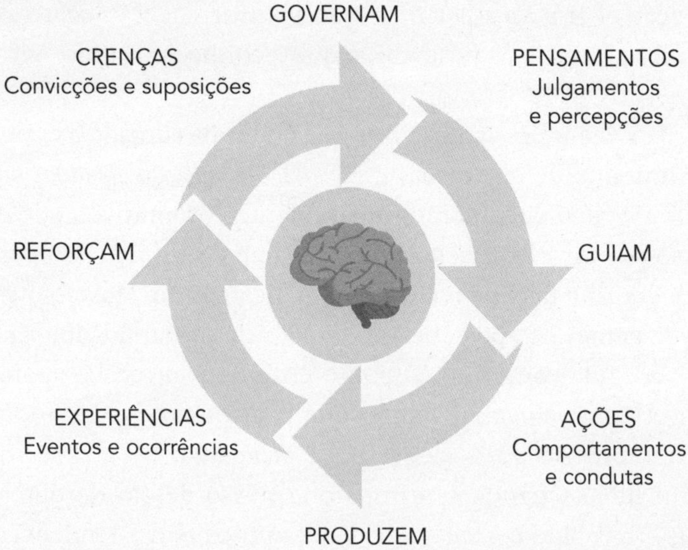

Por exemplo, se eu não acredito que pessoas como eu podem ser bem-sucedidas, isso vai se manifestar em pensamentos como *Qual é o sentido de tentar? Pessoas como eu nunca conseguem*. Esses pensamentos se manifestarão em ações, ou na falta delas: se não acredito que posso conseguir um emprego, provavelmente nem vou me candidatar. No entanto, como não me candidato, não tenho como conseguir o emprego. E tudo isso cria uma realidade em que me sinto presa à mesma carreira de sempre, resignada a determinado destino. E isso segue infinitamente. Está vendo como nossas crenças são importantes?

O que nos atrapalha aqui é que, em geral, o que acreditamos deriva do sistema de crenças de outras pessoas, o qual acabamos adotando como nosso — por conta de nossa criação, da influência da cultura, de um trauma passado ou de estereótipos (voltarei a isso em breve). Infelizmente essas crenças tendem a ser limitantes e negativas, graças a uma predisposição cognitiva a permitir que as informações negativas se sobreponham às positivas, o que é conhecido como "viés de negatividade".

Por exemplo, vamos dizer que eu tenha adotado a crença limitante de que *mulheres racializadas não são apoiadas na liderança* (algo que aprendi no ambiente corporativo), então passo por uma experiência em que alguém reforça isso por uma enorme falta de recursos e financiamento. Mesmo que muita gente me apoie, devido ao viés de negatividade ficarei obcecada com o único ponto em que não recebo apoio suficiente e não vou acreditar que já estou recebendo tudo de que preciso. Essa crença pode atrapalhar meu sucesso como líder. Quando sentimos que nosso desejo de obter mais é recebido com negatividade, muitos têm a tendência de querer provar o próprio valor. E poucos impulsos são tão destrutivos quanto esse.

Muitas crenças que absorvemos (da cultura ou da família) também reforçam algo chamado "limite máximo", termo cunhado pelo psicólogo Gay Hendricks, no livro *The Big Leap* [O grande salto], para descrever os tetos arbitrários que criamos para nós mesmos com base em crenças e histórias limitantes. Em geral os limites se manifestam em uma destas quatro maneiras:

- **Sensação de que somos fundamentalmente falhos:** como se no fundo houvesse algo de errado conosco, de modo que não poderemos conquistar o que queremos por conta de uma incapacidade intrínseca.[5]
- **Deslealdade e abandono:** suposição de que, caso reivindicássemos nossa grandeza, estaríamos sendo desleais com aqueles que amamos ou os estaríamos abandonando.[6]

- **Crença de que mais sucesso implica um fardo maior:** ou seja, que seremos um fardo maior ou que carregaremos mais fardos porque temos mais.[7]
- **O crime de brilhar:** se brilhamos demais, ofuscamos os outros e fazemos com que se sintam mal.[8]

Afastar nossas crenças desses roteiros negativos e limitantes pode mudar nossa realidade, como nos sentimos e nossa relação com a ambição. No entanto, também pode ser muito desafiador, porque o cérebro foi treinado para se concentrar em histórias negativas. Sendo assim, para cada crença negativa, precisamos de três a cinco positivas para ter a impressão de que há equivalência.[9] Por exemplo, se a crença limitante for "Não sou bom o bastante para ser escolhido para a vaga", uma maneira de reenquadrá-la seria:

- Superei outros dez candidatos para chegar à entrevista final.
- Já atuei nessa posição antes e fui reconhecida por minhas contribuições na área.
- Dois recrutadores me contataram e disseram que eu seria perfeita para a vaga.

Por outro lado, neutralizar o viés de negatividade não pode envolver positividade tóxica — a crença de que devemos manter uma mentalidade positiva, não importa quão feia esteja a situação. O importante é convidar nosso cérebro a ver a situação como um todo: buscar o positivo mesmo reconhecendo o negativo, ou seja, manter uma mentalidade do tipo "tanto isso quanto aquilo".

COMO O TRAUMA MOLDA NOSSAS CRENÇAS

A roda da mentalidade pode não funcionar com quem passou por experiências traumáticas. O trauma afeta várias áreas do cérebro, incluindo o córtex pré-frontal, a amígdala e o sistema límbico, muitas vezes relegando sobreviventes a um estado constante de reatividade. Isso pode tornar difícil seguir em frente sem o apoio de terapia ou intervenções específicas.[10] O impacto profundo que o trauma tem no cérebro e no corpo pode influenciar de maneira significativa como trabalhamos e vivemos.

Uma cliente, Stella, cresceu na área rural da França, em uma situação bastante instável. Era comum que ela pulasse uma refeição porque não havia comida suficiente na casa. Em várias ocasiões ela precisou se mudar de repente porque seus pais não tinham como pagar o aluguel, até que ela foi morar com a avó. A escola se tornou seu espaço seguro. Ela sentia que era o único lugar no mundo onde havia consistência, onde obtinha retorno daquilo que investia. Então Stella deu duro, sabendo que um dia conseguiria superar a situação desafiadora com sua família.

Isso de fato aconteceu. Stella entrou na London School of Economics, começou a trabalhar em um banco de investimento e nunca mais olhou para trás — até que seu "destino" a reencontrou. Como era brilhante e sempre dava seu máximo, Stella ascendeu rapidamente, tornando-se a funcionária mulher de mais alto escalão. Mas não estava feliz, sentia que não podia ser ela mesma no trabalho. Tinha um senso de humor ácido e um amor profundo por esoterismo, porém achava que não podia demonstrar nem um nem outro. Stella acreditava que era necessário se comportar de determinada maneira para ser aceita — uma maneira que negava quem ela realmente era.

No entanto, movida pelo desejo de nunca mais ser obrigada a deixar a sua casa, Stella fazia o necessário para manter o emprego. A história que contava a si mesma, moldada pelo trauma, era de que, se deixasse a boa menina trabalhadora para trás, seria demitida e acabaria na rua, como seus pais. Com o intuito de evitar aquele possível destino, ela sempre tentava agradar a todos, à custa de seu senso de si. Stella operara com base na adulação a carreira inteira. Houve um ponto de virada, no entanto. Tentar ser "aceitável" tinha um custo alto demais, e Stella decidiu que não ia mais viver daquela maneira: pediu demissão e tirou um tempo para fazer terapia focada no trauma.

Quero abrir um espaço aqui para reconhecer como é desafiador abandonar os padrões de sobrevivência. Não perpetuamos tais comportamentos porque há algo de errado conosco, ou porque não somos espertos o bastante para escolher agir diferente. Se adotamos os mecanismos de enfrentamento em questão é porque de alguma maneira eles nos ajudaram. Na infância, eles podem ter nos protegido da ira de nossos cuidadores ou de algum outro mal. No entanto, na vida adulta, eles com frequência nos prejudicam mais do que auxiliam.

Em se tratando da transição de comportamentos inconscientes para uma realidade mais alinhada, muitos de nós não acreditam que podem ter algo melhor, ou mesmo que algo melhor existe. É por isso que, para viver nossos sonhos profissionais e pessoais, é extremamente importante criar crenças que nos apoiem e foquem nas possibilidades. E tenho uma boa notícia: por meio da consciência do momento presente, da atenção plena e de ferramentas de reenquadramento, podemos romper com crenças negativas incômodas. Se não fizermos isso, esses vieses alimentam nossas feridas e distorcem nossa realidade. Experimente começar pelo exercício a seguir.

EXERCÍCIO
CRIE NOVAS CRENÇAS

1. Quando se trata de carreira, de relação com dinheiro e de conquistar seus sonhos, que histórias você se conta? Faça uma lista tão completa quanto possível e perceba onde pode haver uma crença limitante.
2. Feche os olhos e se concentre em sua respiração por um momento. Visualize a primeira vez em que você acreditou que essa história era verdade. De onde vem essa crença? (Por exemplo, quando você estava no terceiro ano, levantou a mão para responder a uma pergunta e todos riram. Você ficou com vergonha. Naquele momento decidiu que não era bom o bastante e que nem deveria se dar ao trabalho de tentar.)
3. Para cada crença limitante anotada, faça a si mesmo a seguinte pergunta: "Isso é mesmo verdade?".
4. Se respondeu sim, procure desmascarar a crença dando três exemplos que provem o contrário. Sei que pode ser um processo ardiloso. Nosso cérebro vê o mundo de certa maneira, com base em nossa experiência, e muitas vezes precisamos começar devagar e ir cada vez mais fundo para encontrar provas de que essas velhas histórias não são verdadeiras. O menor dos exemplos pode nos ajudar a mudar crenças. Releia as novas crenças diariamente, até que elas se tornem seu padrão.

LANÇANDO LUZ SOBRE NOSSAS SOMBRAS

Uma maneira de identificar as crenças limitantes é prestar atenção em nossas sombras. Certas pessoas, palavras ou experiências te irritam? Você já teve medo de que alguém descubra algo a seu respeito e te rejeite? Talvez te preocupe a possibilidade de que os outros pensem que você não é inteligente o bastante, não tem as qualificações necessárias ou a experiência adequada para um cargo, ou ainda que você é um fracasso, de alguma maneira. Talvez os atributos alheios sejam um gatilho para você, como franqueza ou capacidade de estabelecer limites, impedindo que se sinta competente no que faz. Talvez tudo isso te leve a usar uma máscara no trabalho (ou em qualquer outro lugar).

O que nos leva de volta a Carl Jung. Foi ele quem introduziu o conceito de sombra, o lado "escuro" de nossa personalidade, aquilo que escondemos com o intuito de nos sentir seguros, dignos de amor e aceitáveis em nossa comunidade, na família e na sociedade de modo geral. Debbie Ford, autora de *O lado sombrio dos buscadores da luz*, diz que as sombras "contêm todas as partes de nós que tentamos esconder ou negar".[11] Nossas sombras podem esconder egoísmo, incompetência, presunção. Temos tanto medo de que alguém descubra esses traços que os enterramos fundo. Dar atenção a elas pode nos ajudar a identificar as crenças que alimentamos em relação a nós mesmos.

Uma maneira de detectar nossas sombras é observar o que julgamos nos outros, porque em geral é o mesmo que julgamos em nós mesmos. Por exemplo, minha cliente Andrea era uma executiva de marketing extremamente talentosa que nunca se sentia boa o bastante. Ela tinha um desejo intenso de ser a melhor, porém acreditava que não podia expressar isso porque faria com que parecesse "bronca" e "competitiva", como ela mesma colocou. Embora tivesse conquistado prêmios para a empresa, Andrea nunca falava sobre seu sucesso e tentava não chamar a atenção, torcendo para que o trabalho duro bastasse para ela ser notada. Até que um colega muito menos experiente, porém muito mais expansivo, recebeu uma promoção no lugar dela, que ficou furiosa. Andrea começou a se ressentir da outra pessoa, que, segundo ela, sempre exaltava suas conquistas e lembrava a todos dos ótimos resultados que obtinha, o que a irritava muito. Após ouvir algumas histórias parecidas, eu desconfiava que houvesse uma sombra agindo ali, relacionada à ideia de se gabar.

Mas de onde vêm nossas sombras? Elas podem se originar de muitas maneiras, a começar pelas inseguranças reforçadas por nossa família, nossa comunidade e nossa cultura. Eu, por exemplo, venho de uma longa linhagem de pessoas que se esforçavam ao máximo. Meus bisavós por parte de mãe se matavam de trabalhar em minas de carvão só para se sustentar, e acabaram todos sucumbindo a doenças resultantes disso. Minha avó, que eu amava muito e foi minha inspiração como empreendedora, conduziu seu próprio negócio até os 86 anos, quando minha mãe teve que retirá-la fisicamente do escritório ao qual ela continuava indo, apesar de sofrer de demência. A preguiça é tão malvista em nossa família que continuamos trabalhando apesar da quimioterapia, do luto, de um aborto espontâneo, de um divórcio e até de uma doença neurodegenerativa. Quando chegava em casa após um dia exaustivo no trabalho, eu era elogiada. Se ficasse em casa ou não me esforçasse tanto, era chamada de "egoísta" e "preguiçosa". Tendo absorvido a ideia de que esta era a pior característica possível, decidi trabalhar em dobro para provar que não era preguiçosa. Assim a preguiça se tornou uma sombra, fazendo com que eu mergulhasse de cabeça no trabalho. Era como se fosse um palavrão e tivesse poder sobre mim, ainda que eu não o percebesse. Se alguém me perguntasse por que eu me esforçava tanto aos catorze anos de idade, eu diria algo como: *Porque quero ser bem-sucedida*. Uma sombra gigantesca e ferida residia no centro de tudo que eu fazia, alimentando meu desejo de grandeza e crescimento, ainda que eu não tivesse consciência daquilo.

Para muitos, infelizmente as sombras também são um reflexo do que o mundo pensa sobre nós e nosso valor, e podem refletir estereótipos dolorosos. Vamos pegar o exemplo da minha cliente Natasha. Ela era uma mulher negra brilhante e com excelente formação que trabalhava com direito, porém sua sombra era ser "ignorante". Isso pode surpreender, vindo de alguém tão claramente inteligente e com tantas credenciais para comprovar. À medida que revelávamos sua sombra, Natasha se deu conta de que alguns de seus sentimentos de inadequação tinham raízes em estereótipos negativos relacionados às pessoas negras, arraigados na história norte-americana desde antes da Guerra Civil. Não era de admirar que ela tivesse aquela sombra, portanto, e trabalhasse em dobro para mostrar ao mundo sua inteligência.

Muitos de nós são alvo de rótulos por conta de idade, raça, gênero, tipo físico, orientação sexual, religião, por ter uma deficiência, ser imigrante etc. O estereótipo da "mulher negra raivosa" é bastante recorrente, assim como a ideia de que funcionários de origem asiática são "mais reservados", profissionais gordos são "menos motivados", os mais velhos "não entendem de tecnologia" ou de que millennials são "mimados". Muitas pessoas ambiciosas que fazem parte de grupos sub-representados acreditam que há partes de si que estão simplesmente erradas, por isso fazem uma supercorreção, de modo a amplificar a característica oposta, mas no processo caem na armadilha da inautenticidade e do medo. Tudo isso pode levar à criação de uma sombra e afetar a genuinidade com que se apresentam no trabalho.

A verdade é que cada um de nós tem em si todo o espectro de emoções e traços humanos. Em certos momentos você ficará com raiva e soltará os cachorros, em outros não conseguirá falar mesmo querendo, ou ainda suas ações poderão incomodar alguém. O problema é quando nossas sombras nos controlam. Minha aversão à palavra "preguiça" era tamanha que eu precisava de todo um teatro para nunca ser percebida dessa forma. Eu também classificava os outros como preguiçosos, porque, como aconteceu com Andrea, o que julgamos nos outros é o que julgamos em nós mesmos. Esse ciclo pode ter consequências sociais de amplo alcance. De acordo com Christopher Perry, da Sociedade de Psicologia Analítica do Reino Unido, sombras "alimentam o preconceito relacionado a grupos minoritários ou países e podem desencadear qualquer coisa entre uma rusga interpessoal e uma guerra de grandes proporções".[12] Quando as pessoas projetam sombras não reconhecidas nos outros, especialmente naqueles que pertencem a grupos diferentes, isso pode resultar em crenças negativas e preconceitos. Com o tempo, a negatividade projetada pode levar a um sério conflito.

O problema em enterrar nossas sombras é que, quando não as reconhecemos nem as integramos, perpetuamos padrões que interrompem nosso crescimento e nossas relações interpessoais, ao mesmo tempo que perpetuamos uma ambição centrada na dor, que com frequência conduz a mentalidade de escassez, competição e crenças limitantes. Quando negamos a verdade quanto a quem somos, o estresse diário de ser outra pessoa e usar uma máscara parcial cobra seu preço, e acabamos entrando em erupção, tal qual um vulcão. No meu caso a erupção foi uma crise de saúde. No seu caso pode ser pedir demissão do nada, reagindo à gerência; vivenciar ataques de pânico debilitantes; ou se envolver em comportamentos de autossabotagem, como beber em excesso. Viver representando é exaustivo. É apenas quando integramos nossa sombra que podemos ser reais e íntegros, e então prosperar de maneira autêntica.

Em *O lado sombrio dos buscadores da luz*, Ford afirma: "Quando reprimimos qualquer sentimento ou impulso, também reprimimos seu oposto. [...] Se negamos o medo, minimizamos a coragem. Se negamos a ganância, reduzimos a generosidade".[13]

Em outras palavras, aquilo que não reconhecemos nos domina. Quando percebemos que todos os nossos traços — da preguiça ao egoísmo — servem a algum propósito, paramos de rotular certas partes como "erradas" e outras como "certas". Nós nos integramos. E, como Ford diz, quando integramos nossas sombras, tornamo-nos íntegros: "Vivemos com a impressão de que, para que algo seja divino, precisa ser perfeito. Estamos equivocados. Com efeito, o oposto é verdade. Ser divino é ser íntegro, e ser íntegro é ser tudo".[14]

Integrar nossas sombras envolve acolher as partes "sombrias" em vez de rejeitá-las ou ter vergonha delas. Quando ajudo clientes nesse processo de integração, é importante ver o outro lado da sombra — que ela não é ruim por completo. Um bom lugar para começar é considerando as origens de uma palavra. Por exemplo, quando comecei a realizar o trabalho de integrar minha sombra relacionada à preguiça, fui atrás de sua etimologia. O termo em inglês *lazy* vem do alemão *lasich*, que significa "lânguido". De repente me dei conta de uma coisa: qual é o problema em ser lenta e relaxada? Os humanos não foram feitos para estar sempre em movimento. Na verdade a maior parte de nós precisa desacelerar e relaxar toda noite. Na imobilidade nosso corpo repara a si mesmo e se livra de toxinas. O descanso é uma parte importante da vida, e da ambição com propósito. É nas pausas que vemos o quadro mais amplo e nossos motivos mais profundos.

O trabalho com Andrea, a executiva de marketing ambiciosa que mencionei algumas páginas antes, envolveu mergulhar de cabeça em um exercício, inspirado no trabalho de Debbie Ford, que uso para encontrar e integrar a sombra de meus clientes. Primeiro apresento uma lista de adjetivos e peço que apontem aqueles que lhes parecem mais dolorosos ou desconfortáveis, depois refinamos as palavras em alguns temas comuns.

No caso de Andrea, após o exercício percebemos que, no sistema familiar dela, a humildade era aplaudida, e celebrar a si mesmo era visto como algo "vulgar" ou "fanfarronice". Assim, na infância, ela incorporara a ideia de que diminuir a importância de seus dons e contribuições era nobre. Andrea mantinha a cabeça baixa e se esforçava, porém nunca comemorava o próprio sucesso, e esse modo de ser lhe serviu bem — até não servir mais. (Isso é verdade para muitas mulheres. Sempre ouvimos que não devemos ser muito confiantes porque isso é desagradável, porém essa atitude só perpetua nossas sombras e resulta na perda de promoções, títulos e aumentos salariais.) Quando alguém foi promovido no lugar de Andrea, ela percebeu que se estafava e não tinha o devido reconhecimento, então decidiu fazer as coisas de maneira diferente.

Vamos explorar sua sombra com o exercício a seguir, criado com base no trabalho de Ford em *O lado sombrio dos buscadores da luz*.

EXERCÍCIO

DESCUBRA E INTEGRE SUA SOMBRA

1. O que você teme que os outros saibam a seu respeito?
2. Liste cinco coisas que você julga nos outros. É possível identificar um padrão?
3. Faça uma lista de três pessoas que te incomodam. Que características delas funcionam como gatilho para você?
4. Você está começando a ver um padrão quanto ao que julga nos outros e em si? Onde acha que pode ter aprendido que essas qualidades são "ruins" ou um "tabu"?
5. Como essa sombra traz disfuncionalidade a sua ambição ou a seu trabalho? Por exemplo, ela impediu você de receber uma promoção ou criou uma dinâmica complicada com sua equipe?
6. Para ir mais fundo na integração de sua sombra, ouça a meditação que criei para você e reflita sobre o que vier à tona. Disponível em: aminaaltai.com/bookresources (em inglês).

LIVRANDO-SE DA CODEPENDÊNCIA NO TRABALHO

Há um padrão em particular que percebo impedir repetidamente e de maneira significativa a relação saudável com a ambição: a codependência e o pensamento codependente no que se refere a trabalho.

O que é codependência? Melody Beattie, autora de *Codependência nunca mais*, definiu a pessoa codependente como "aquela que deixou que o comportamento de outra pessoa a afetasse e que é obcecada por controlar o comportamento dessa outra pessoa".[15] Muitos dos meus clientes não se identificam com a definição de Beattie de codependência, porque seu estilo de codependência é único. Eles são o que a psicoterapeuta e autora Terri Cole chama de "pessoas codependentes altamente funcionais". Em seu livro *Too Much: A Guide to Breaking the Cycle of High-Functioning Codependency* [Em excesso: Um guia para quebrar o ciclo de codependência de alto funcionamento], Cole oferece uma definição mais completa do termo, como "um investimento demasiado em sentimentos, decisões, resultados e circunstâncias das pessoas em sua vida, em detrimento da paz interior e do bem-estar emocional/financeiro".[16] Os padrões de codependência incluem autossacrifício, foco nas necessidades dos outros, repressão das próprias emoções e tentativas de controlar os problemas alheios ou resolvê-los. Tudo isso pode nos desconectar de nossos dons únicos e nos manter propensos ao autossacrifício.

Um aspecto ardiloso da codependência é que ela pode parecer recompensadora. A sensação de ajudar os outros é boa! A de precisarem da gente também! No entanto, quando nos lançamos a isso com afinco demais, acabamos nos abandonando — e essa é a marca registrada da ambição centrada na dor. Na época da agência, sacrificava minhas próprias necessidades rotineiramente em nome de meus funcionários e clientes. Virava a noite para atender aos prazos nem um pouco razoáveis. Expandia o escopo do meu trabalho sem cobrar mais por isso. Dava tudo o que tinha a eles, e até o que não tinha. Isso me deixou ressentida e sobrecarregada, porém eu ainda não conseguia enxergar o papel que desempenhava na dinâmica. Em vez disso, ficava obcecada em botar meu sócio pouco convencional na linha. Ele adorava correr riscos e era um visionário brilhante, enquanto eu era a boa menina, a cuidadora, aquela em quem se podia confiar. Imaginei que, se eu me concentrasse em moderar o estilo dele, as coisas correriam tranquilamente. No entanto, nós nos encontrávamos em uma dança codependente, com ele causando problemas e eu os consertando, uma dança em que poderíamos permanecer para sempre, sem que nada mudasse.

Talvez você não esteja virando a noite, mas, se o trabalho é sua única fonte de estima, você tem uma relação de codependência com ele. Talvez você nutra as seguintes crenças:

Não posso dizer não.
Talvez você diga sim para tudo porque se sinta responsável por como as pessoas se sentem, o que pode ser acompanhado por uma tendência a fazer qualquer coisa para afastar sentimentos desconfortáveis, como raiva e decepção. Quando não sustentamos um limite claro podemos acabar esgotados, ressentidos e frustrados.

Preciso estar no controle.
Talvez você sinta necessidade de gerenciar os outros, de garantir que fique tudo bem para eles ou de controlar os resultados. Você pode sentir certa falta de empoderamento pessoal, e então recorrer a monitorar as pessoas mais próximas.

Preciso de validação externa para sentir que sou digno.
Você precisa da aprovação dos outros? Você procura sempre agradar para evitar conflitos e se manter nas boas graças de todos? Talvez você precise estar certo a maior parte do tempo.

Quando estamos “certos”, validamos nosso direito de estar ali, e nossa existência também parece “certa”.

Não tenho o direito de me pôr em primeiro lugar.

Para muitas pessoas codependentes, o autossacrifício é um estilo de vida. Sentir-se necessário é tão parecido com se sentir amado que você às vezes se acomoda com isso? Quando agimos assim ao longo do tempo, nosso senso de si acaba corroído.

Preciso ser perfeito.

Muitas pessoas codependentes no trabalho relacionam seu valor a um desempenho sem falhas. Você espera até que algo esteja impecável para apresentar? Você se apega a ideias e fica esperando pelo momento “certo” (que parece nunca chegar)? Nossa busca por perfeição pode resultar em uma variedade de questões, como voz interior excessivamente crítica, julgamento constante dos outros, pensamento rígido e dicotômico, excesso de trabalho, aversão a novas experiências, medo do fracasso, ruminação e sentimentos de ansiedade e depressão.

Ao fim e ao cabo, a raiz desses comportamentos é a vergonha — vergonha de não ser bom o bastante, inteligente o bastante, rápido o bastante, de não ter estudado o bastante ou ________________ o bastante (você pode preencher a lacuna com qualquer palavra que faça sentido no seu caso). A pesquisadora, autora e assistente social Brené Brown tem uma excelente definição para a vergonha: “aquela sensação quente que nos inunda e faz com que sintamos que somos pequenos, falhos e nunca bons o bastante”.[17]

Porém não há nada de “errado” conosco — pelo contrário: está tudo certo. Só precisamos ficar de olho nesses padrões para conseguir abrir mão do controle, do cuidado e de outros comportamentos que vêm nos segurando, e ancorar o trabalho em nosso propósito. Se não fizermos isso, podemos acabar nos sabotando sem querer.

EXERCÍCIO

LIVRE-SE DA CODEPENDÊNCIA E ESTABELEÇA LIMITES NO TRABALHO

1. Entre os traços de codependência apresentados nesta seção, com quais você se identifica (se é que se identifica com algum)?
2. Como seus comportamentos codependentes se manifestam? Há algum relacionamento específico em que eles se fazem mais presentes? Por que você acha que isso acontece?
3. Quando ficamos presos a um papel ou a uma dinâmica, com frequência é porque obtemos algo dessa situação. O que você está obtendo? Como você pode mudar?
4. Em que aspecto você sente vergonha no trabalho? Onde você se sente "menos", ou que não é bom o bastante?
5. Que história você conta a si mesmo sobre essa coisa de que tem vergonha?
6. Que limites você precisa estabelecer na vida para ajudar a separar sua identidade de seu trabalho? Pense nos limites físicos, emocionais e temporais.
7. Ao estabelecer esses limites, o que se tornará possível?

SABOTAGEM SUBCONSCIENTE: NOSSA TENTATIVA DE SENTIR SEGURANÇA

Às vezes, quando não abordamos plenamente as crenças limitantes e as feridas centrais que motivam nossa ambição, elas culminam em comportamentos de autossabotagem. Podemos nos esforçar para ser destrutivos, porque conscientemente não parece seguro ou possível obter o que queremos. Gay Hendricks, autor do livro *The Big Leap*, tem uma excelente analogia para isso: "Cada um de nós tem um padrão de termostato interior que determina de quanto amor, sucesso e criatividade nos permitimos desfrutar. Quando excedemos esse padrão muitas vezes nos sabotamos, para retornar ao estado antigo e familiar em que nos sentimos seguros".[18]

É aí que a sabotagem subconsciente entra.

Há muitas maneiras subconscientes de se sabotar:

Fazer as coisas até os 99% e então desistir, dizendo: "Viu? Não funcionou".

A autossabotagem pode ser assim, furtiva. Por fora parece que você está fazendo *tudo* o que pode. Por dentro você pisa no freio imediatamente antes da linha de chegada. Talvez você pense que o último 1% não faz diferença, mas faz. Pense nos cem metros rasos da Olimpíada. Se os atletas parassem de correr antes da linha de chegada, o resultado seria radicalmente diferente.

Permitir que a confusão permaneça ao não pedir esclarecimento quanto a algo que não entendeu.

Se o caminho rumo a seus sonhos não está claro, como o fracasso pode ser culpa sua?

Perpetuar a sensação de sobrecarga (em geral por conta de limites vulneráveis) para não fazer o trabalho que nasceu para fazer. Inconscientemente você pode assumir grande parte do trabalho dos outros para que isso te impeça de se concentrar no que é mais importante.

Distrair-se com coisas que não são relevantes para atingir seus sonhos. Você às vezes se ocupa de tarefas que não mudam as coisas, trabalhando duro, mas não na direção certa.

Pensar demais em vez de agir. Analisar em excesso o caminho à frente pode se confundir com ser estratégico e considerar todos os obstáculos. No entanto, muitas vezes não passa de uma cortina de fumaça para se manter no plano do pensamento, sem nunca passar à ação.

Mas por que nos sabotamos? Supostamente queremos as coisas que dizemos que queremos. Se realmente desejamos uma coisa, por que tentamos nos impedir de consegui-la? Pela minha experiência, agimos assim por dois motivos. Primeiro, como aprendemos até aqui, por uma necessidade não atendida no nível subconsciente — por exemplo uma necessidade de segurança, amor ou pertencimento. Segundo, porque morremos de medo de nossa própria grandeza.

O medo da própria grandeza é pervasivo. Queremos nos sentir positivos, esperançosos, empoderados; ao mesmo tempo, quando ocupamos mais espaço e nos tornamos mais visíveis ao mundo a nossa volta, nós nos tornamos mais suscetíveis a uma disrupção em potencial. Isso ocorre porque o mundo muitas vezes tem sentimentos relacionados a nosso crescimento que não são positivos, especialmente quando se trata de membros de grupos historicamente excluídos. Então nos escondemos, em uma tentativa de autoproteção. Na verdade a sabotagem subconsciente também pode ser chamada de "restauração da segurança", porque com frequência recorremos a ela quando nosso sistema nervoso não parece seguro o bastante para sustentar as experiências que desejamos. Assim, nossa mente e nosso corpo brilhantes trabalham de mãos dadas para restaurar o conforto de antes — que com frequência é ilustrativo da ambição centrada na dor.

Foi o que aconteceu com minha cliente Mariah, CEO bastante reconhecida de um banco regional. Quando estávamos em um retiro, ela me revelou que tinha ataques de pânico quase diários. O banco a havia contratado por seu currículo impecável e porque queria ter uma mulher racializada em uma posição de destaque. Mariah, no entanto, estava se sabotando. Procrastinava para escrever artigos e textos de opinião, não se preparava para as reuniões do conselho e se atrapalhava na hora de falar. Aquilo estava começando a se tornar um problema. Ela era claramente bem-sucedida e tinha tudo de que precisava para ser ainda mais. Então o que estava acontecendo? Mariah só queria se manter segura.

Quando percebemos o que estava ocorrendo, passamos a examinar a fonte do comportamento. A mãe de Mariah sofria de transtorno de personalidade narcisista. Quando criança, com frequência era alvo da fúria da mãe — e, se você tem alguma experiência com fúria narcisista, sabe como isso pode ser aterrorizante. Quando a mãe descontava a raiva nela, Mariah muitas vezes sentia "como se fosse morrer", então a filha desenvolvera a crença de que não devia ocupar espaço demais, porque se o fizesse as pessoas iam atacá-la como a mãe fazia, e ela voltaria a experimentar aquela sensação de morte iminente. Seu cérebro chegara à conclusão de que ser vista e ocupar espaço demais equivalia à morte, portanto ela se sabotava para se sentir segura, até que, através de nosso trabalho juntas, foi capaz de enxergar conscientemente o que estava fazendo.

Para nos expandirmos em direção a nossa versão mais verdadeira, precisamos nos sentir seguros o bastante para correr riscos e reivindicar nosso poder. Em certo sentido, no entanto, não há nada mais assustador, em especial para membros de grupos historicamente excluídos. Muitos de meus clientes evitam os holofotes porque têm medo de ser alvo de reações negativas. E estas são reais, e muitas vezes mais duras que o feedback recebido por pessoas com identidades dominantes. Nosso sistema nervoso precisa se regular para conseguir nos apoiar em nossa grandeza. Mas quando a alternativa é levar uma vida que não desejamos e que não está alinhada com nossos valores, devemos nos familiarizar com o medo, examinar o trauma e preparar nosso sistema nervoso para estar à nossa altura.

EXERCÍCIO

ONDE VOCÊ ESTÁ SE SABOTANDO SUBCONSCIENTEMENTE?

1. Nos últimos anos, houve momentos importantes na sua carreira em que você apresentou comportamentos de autossabotagem (talvez através de julgamento excessivo, controle, vício ou hesitação)?
2. Nesses cenários, o que você acha que fez com que desejasse retornar à "segurança"? O que você sentiu?
3. Quando você pensa em ocupar espaço e incorporar sua grandeza, que medos vêm à tona? Qual é a

sensação física? Há certos lugares em seu corpo nos quais você sente isso? Se essas sensações tivessem voz, o que diriam?

4. O que precisa acontecer para que você se sinta seguro para subir mais um degrau?
5. Acesse o site aminaaltai.com/bookresources (em inglês) e encontre um exercício para apoiar seu sistema nervoso e construir segurança interna.

As crenças subconscientes que destaquei neste capítulo podem acabar nos distanciando muito de nossos sonhos relacionados ao trabalho e à vida pessoal — e, quando não confrontadas, elas podem criar uma relação pouquíssimo saudável com a ambição. No entanto, com frequência elas também servem a um propósito. No capítulo 1 deste livro, compartilhei uma de minhas frases preferidas de um professor espiritual. Ele sugere que, sempre que passamos por um buraco na estrada, "precisamos usar o contraste para refinar nossa visão". No nosso caso, o contraste é qualquer crença que não seja desejável ou cause atrito. O lado bom do contraste é que ele permite que vejamos onde erramos o alvo, onde nos atrapalhamos, ou onde o mundo a nossa volta não nos apoiou. Equipados com essas informações, podemos ajustar a mira. Codependência, crenças limitantes, falta de limites e os desafios resultantes podem servir como uma bússola que permite sermos mais precisos quanto a nossos sonhos e ambições.

Não operamos no vácuo, claro. Além de feridas e crenças, há forças sistêmicas em jogo que sustentam uma relação com a ambição centrada na dor — o que exploraremos mais no próximo capítulo.

RESUMO DO CAPÍTULO

- Nossa mentalidade pode nos preparar para o sucesso ou ser um obstáculo a nossos desejos. A boa notícia é que nosso cérebro é tão maleável que podemos mudar nossa maneira de pensar.
- Todos temos um viés de negatividade, por isso precisamos dar ênfase ao positivo, para anular a propensão a focar no que é desafiador.
- Todos temos áreas da vida que apenas toleramos. No entanto, tolerar a vida é custoso, e muitas vezes o preço é não obter aquilo que realmente queremos.
- Sombras são partes de nós que tentamos esconder ou negar. Todos temos sombras, e às vezes elas são reforçadas pelos estereótipos.
- Codependência não envolve apenas relacionamentos amorosos — podemos apresentar os mesmos traços no trabalho, e isso pode impedir que nos sintamos realizados nele.
- Autossabotagem subconsciente é quando apresentamos comportamentos que minam nosso sucesso sem nos darmos conta disso. Às vezes essa é uma forma de retornar à segurança.

3. Sistemas e ideologias que nos mantêm empacados

Fomos criados para acreditar que, se nos esforçássemos o suficiente, poderíamos ganhar no sistema — do capitalismo e da meritocracia americana —, ou pelo menos viver confortavelmente dentro dele. Mas algo aconteceu. [...] Tiramos os olhos do nosso trabalho e percebemos que não há como ganhar no sistema quando o próprio sistema está quebrado.

Anne Helen Petersen,
Não aguento mais não aguentar mais[1]

Puja era uma designer de acessórios que morava em Nova York. Ela era a única mulher racializada acima do nível gerencial na empresa e precisara se esforçar muito para chegar ali. Era ótima no que fazia e adorava trabalhar com outras mentes criativas. Depois de quinze anos, no entanto, o trabalho começou a ficar maçante. Uma coleção emendava com a seguinte, e Puja nunca tinha uma folga. Trabalhava sessenta horas por semana e se sentia presa por "algemas de ouro", uma vez que havia pouquíssimos lugares que pagariam tão bem e lhe permitiriam manter o estilo de vida com que se acostumara. Fora que a chefia vivia lhe prometendo o cargo de diretora criativa se ela continuasse realizando um bom trabalho, de modo que Puja segurava as pontas e seguia dando duro. Como uma norte-americana de ascendência indiana que trabalhava na indústria elitista da moda, a qual celebrava os padrões de beleza e profissionalismo eurocêntricos, Puja sentia que, para se mostrar tão "refinada" quanto as outras pessoas naquele espaço, precisava renegar parte de seu verdadeiro eu.

Reprimir quem era para aderir a padrões enviesados de profissionalismo e manter um ritmo frenético por tanto tempo cobrou seu preço, e Puja começou a beber para se anestesiar. No começo eram um ou dois drinques depois do trabalho, com os colegas. Então ela começou a beber à noite, enquanto ainda trabalhava. Quando se deu conta, já estava tomando trinta doses por semana e mal reconhecia sua imagem no espelho. A esposa ameaçou deixá-la e implorou que procurasse ajuda. Puja acabou cedendo. Uma noite, quando estava voltando para casa de uma reunião dos Alcoólicos Anônimos, ela parou em um bar, bebeu até desmaiar e só voltou para casa de madrugada.

No dia seguinte, de ressaca e envergonhada, Puja desabou diante da esposa, finalmente reconhecendo que sua vida e sua relação com o álcool, o trabalho e a produtividade incessante eram insustentáveis. Ter que se apresentar como uma versão perfeita de si mesma no escritório a esgotava, assim como ter que trabalhar o dobro para considerarem que estava à altura de seus pares brancos. Ela aprendera a lidar com aquilo bebendo. Agora estava pronta para abandonar a cultura de trabalho excessivo que havia surtido efeitos físicos e emocionais tão devastadores em sua vida e obter a ajuda de que precisava.

Quando começamos nossos encontros, fomos atrás da origem da crença de Puja de que ela precisava trabalhar em dobro, conter sua personalidade e buscar validação dos outros independentemente do custo. Não foi muito difícil. Ela era de uma família de imigrantes pobres, e era elogiada por sua ética de trabalho e seu desempenho acima da média na escola. Todo dia, quando ia deixá-la, a mãe a lembrava de que, se fosse a mais inteligente da sala, poderia ter uma vida diferente, poderia ter todas as coisas que a família não tinha. Os professores elogiavam sua dedicação, o que fazia com que ela se sentisse segura e aceita. Nas palavras de Puja, ela incorporou o "estereótipo da minoria modelo" — a ideia de que norte-americanos de origem asiática são pessoas obedientes, trabalhadoras e cumpridoras da lei, e de que seu sucesso é consequência desses traços. Ser sempre a pessoa mais esforçada do grupo se tornou a identidade de Puja.

Como podemos ver na história dela, não se trata de uma questão individual. Há desigualdades estruturais e sistêmicas muito reais que nos empurram para a ambição centrada na dor e nos impedem de deixá-la — desde o capitalismo que nos diz que nosso valor é determinado pelo tanto que produzimos, até o racismo, o machismo, o capacitismo e afins, que perpetuam a mentira de que quem somos "vale menos". Por mais que certas pessoas queiram nos dizer o contrário, não temos como fugir da opressão sistêmica com uma mudança de mentalidade. Para nos livrar da armadilha da ambição sem propósito, precisamos nos conscientizar dos sistemas e dogmas que nos enredam.

AS ORIGENS DA CULTURA DO TRABALHO SEM FIM

Se você já acreditou que o trabalho era sua vida, e que seu valor e sua autoestima derivavam da competição contínua em termos de cargo e conta bancária, é mais uma vítima da cultura do trabalho sem fim. Pilar das eras *girlboss* e *tech-bros*, essa cultura é, como a jornalista Adrian Horton põe: "um sistema de crenças quase religioso distintivamente norte-americano [...] de que trabalho não é apenas trabalho, mas nossa identidade".[2] A cultura do trabalho sem fim custou a muitos de nós relacionamentos e hobbies, sem mencionar a saúde física e mental — como no caso de Puja.

Infelizmente somos preparados para isso antes mesmo de ir para o mercado. A ideia de que trabalhar demais é positivo é moldada pelas pessoas a nossa volta, a começar pelo modo como nossa família e nossos cuidadores se situam no mundo, passando por como o sistema escolar nos categoriza e seleciona, principalmente no que se refere a membros de grupos marginalizados. O sistema escolar é particularmente enviesado, no sentido de preparar certos alunos para uma vida trabalhando demais. Desde os programas para jovens talentosos e superdotados, que priorizam a cultura da conquista, até as desigualdades entre os distritos escolares, valorizamos o trabalho e o desempenho acima da média desde muito cedo, em vez de disponibilizar recursos apropriados para todos. Por exemplo, nos Estados Unidos, de acordo com um relatório do Education Trust, são oferecidas menos vagas em turmas avançadas em escolas com maior porcentagem de alunos negros e latinos, e com frequência esses grupos não conseguem vagas nessas turmas em escolas mais racialmente diversas.[3] Desde o início decidimos que os grupos marginalizados têm menos recursos, e assim motivamos a crença de que seus membros precisam se esforçar duas vezes mais e ser duas vezes melhores para conseguir metade do que os demais obtêm.

A cultura do trabalho sem fim é presente nas comunidades marginalizadas. O termo em inglês *hustle* [luta, correria, ralação] foi usado por muitas famílias negras ao longo da maior parte do século XX para descrever o que precisavam fazer para pagar as contas; em seu livro de memórias de 1965, Malcolm X escreveu: "Todo mundo no Harlem precisava ralar para sobreviver".[4] Nos Estados Unidos, historicamente, devido à segregação; à prática de bancos e seguradoras de recusar ou limitar empréstimos, seguros e afins em regiões com concentração de pessoas negras; à discriminação no ambiente de trabalho e ao preconceito em geral, muitos funcionários negros tiveram que se esforçar em dobro para conquistar metade do que seus pares brancos tinham — muitas pessoas negras tiveram até mesmo que manter mais de um trabalho para se sustentar. A palavra também aparece em músicas de rappers como Lil Wayne e Rick Ross, que destacam a resiliência da população negra. Essas e outras músicas reforçam que o trabalho sem fim não é apenas legal, mas necessário para a sobrevivência em um sistema pensado para oprimir os norte-americanos negros.

Então a palavra foi incorporada ao léxico corporativo. Em 2015, o CEO tóxico da Uber, Travis Kalanick, introduziu *hustle* na linguagem da marca. Ele queria que a Uber estivesse relacionada a "vencer"[5] — uma característica da ambição centrada na dor —, por isso estabeleceu como um dos valores da empresa a "luta constante", ou seja, "fazer mais com menos, trabalhar mais horas, com mais afinco e de maneira mais produtiva, e não somente duas das três opções".[6] A

Uber se apropriou da ideia do trabalho sem fim e a utilizou contra o grupo que fazia a maior parte do trabalho — pessoas imigrantes, racializadas e da classe trabalhadora. Kalanick chegou a ser filmado repreendendo severamente um motorista da Uber, em defesa de suas táticas injustas. (É preciso apontar que, depois de muitas críticas relacionadas a sua cultura de exploração e de trabalho constante, a Uber repensou seus valores em 2017 e decidiu tirar *hustle* do vernáculo corporativo.)

Então veio a WeWork, a infame empresa de coworking que Adam Neumann criou com práticas de negócios questionáveis e comportamento errático. Não demorou muito para que ele tivesse que responder por sua conduta nociva, o que culminou em uma abertura de capital desastrosa e em uma saída conturbada da empresa.[7] Àquela altura, no entanto, a WeWork já havia criado uma relação própria com o trabalho sem fim, e havia placas de neon dizendo "Hustle Harder" [Rale mais] espalhadas por todos os seus espaços instagramáveis, constituindo a identidade visual de muitos de seus escritórios.[8]

O uso do termo no contexto corporativo é uma forma de apropriação linguística que permite que as pessoas no poder selecionem o que funciona para elas (e para o capitalismo) e descartem as origens de seu significado e as pessoas a quem a expressão pertencia. Para piorar, isso ainda leva muitos membros de grupos historicamente excluídos a ser ainda mais explorados e ter uma relação ainda mais insustentável com o trabalho. Muitos líderes de grupos sub-representados com quem atuo e converso sentem que não podem interromper o trabalho, porque mesmo com ele operam no déficit. Com frequência eles se perguntam: *Estou fazendo o bastante? Poderia fazer mais?* E os investidores e empregadores costumam perguntar o mesmo a eles, devido a um preconceito inconsciente.

O trabalho sem fim foi — e ainda é — uma realidade para muitos membros de grupos marginalizados. Quando o sistema não foi feito para te apoiar, às vezes é preciso abrir espaço à força para pagar as contas. No entanto, isso não é sustentável. Imagino que a maioria de nós ficaria feliz em trabalhar menos. A pergunta de um milhão de dólares é: podemos nos dar a esse luxo?

Acredito que sim, porém para isso seria necessária uma mudança ampla no sistema. Por quê? Porque uma das ciladas dessa cultura é que ela cria um ambiente no qual trabalhar demais não é apenas normalizado, mas celebrado — e prejudica principalmente aqueles que deveríamos apoiar.

TRABALHAR DEMAIS É UM PROBLEMA SISTÊMICO (E ECONÔMICO)

Em 2016, trabalhar demais matou 745 mil pessoas em todo mundo, aumentando de maneira significativa o risco de derrame e doenças cardíacas,[9] no entanto, nós glorificamos essa cultura. Quem trabalha demais é visto como mais comprometido e competente pelas organizações.[10] E, graças à economia dos bicos, assim como ao declínio do trabalho regulamentado, essa se tornou a norma. Com a pandemia, o Zoom entrou em muitos de nossos lares, trazendo os gestores para nosso espaço mais íntimo e confundindo ainda mais os limites entre vida pessoal e profissional. Com a transição da semana de trabalho padrão para arranjos mais "flexíveis", mergulhamos na cultura do trabalho 24 horas por dia pela qual os millennials são conhecidos. No entanto, isso está claramente nos prejudicando. De acordo com um estudo da Indeed, 52% da força de trabalho nos Estados Unidos relata esgotamento no pós-pandemia, em comparação com 43% antes da pandemia.[11] E um estudo da MetLife descobriu que a geração millennial é a mais esgotada de todas, apoiando o que a autora Anne Helen Petersen afirmou sobre essa ser a "geração *burnout*", seguida de perto pela geração Z.[12]

A mídia com frequência retrata que trabalhar demais é uma decisão individual, que pode ser remediada com organização e truques para gerenciar o tempo, ou com uma nova bebida imitando o efeito do álcool cuja propaganda é focada no aumento de bem-estar. No entanto, trabalhar demais não é uma escolha pessoal — é um problema econômico.

O aumento da desigualdade econômica é uma das causas da jornada de trabalho mais longa, inclusive para pessoas com mais dinheiro. Hoje até mesmo funcionários de alto escalão sentem os efeitos da insegurança financeira. E essa instabilidade, especialmente nos Estados Unidos, faz com que muitos trabalhem mais, motivados pela promessa de mais dinheiro ou pela ameaça da dificuldade financeira. Não importa onde nos encontramos na hierarquia econômica, a maior parte de nós se sente obrigada a trabalhar demais.

Muitos de nós começaram a carreira em épocas de crise, como a Grande Recessão de 2007-2009, um dos períodos de maior declínio econômico na história dos Estados Unidos. Também precisamos lidar com injustiças sociais desmedidas, capitalismo tardio, glorificação das longas jornadas devido à cultura *girlboss* e do trabalho sem fim, além da pandemia. Petersen explica que "o tema em comum é a precariedade".[13] Essa noção de que estamos a um evento de distância do desastre — seja perder o emprego, passar por outra recessão ou adoecer — tem um custo emocional elevadíssimo. Estamos sempre esperando a bomba estourar, e esse medo alimenta uma relação muitas vezes insustentável com a ambição. Esse é um sentimento que observei em diferentes gerações.

Também há uma correlação entre trabalhar demais e trauma. Alguns de nós tiveram que se extenuar para sobreviver em um sistema que só permite que certas pessoas avancem de maneira significativa. Outros desenvolveram uma propensão a trabalhar mais como resultado de um trauma racial ou de gênero na empresa ou na escola, para provar que pertencem a determinado lugar. Inúmeros estudos demonstraram a ligação entre o vício e o trauma[14] — e trabalhar demais *é* um vício, no sentido de que permite evitar sentimentos de dor ou desmerecimento. Se sentimos um desconforto tão extremo por conta de nossa crença de que não somos o bastante, precisamos trabalhar para nos distrair dessa agonia interna. De muitas maneiras, o sistema é projetado para se aproveitar dessa crença na própria insuficiência.

De minha parte, não acredito que nascemos apenas para trabalhar. A vida é uma oportunidade de expressar quem somos em nossa totalidade, de sentir alegria, desconforto, empolgação e curiosidade. De brincar, trabalhar, criar, descansar e se recuperar. De apenas ser. O palestrante motivacional holandês Alexander den Heijer diz: "Muitas vezes você sente cansaço não porque fez demais, mas porque não fez o bastante daquilo que faz uma faísca se acender em você".[15] Às vezes, no entanto, sentimos cansaço por esses dois motivos: fazemos muito pouco do que realmente nos motiva *e* porque certos sistemas nos obrigam a fazer demais. Como sociedade, também damos ênfase demais ao trabalho e de menos à diminuição do ritmo, à tranquilidade, ao descanso e à recuperação.

Para levar uma vida alinhada a uma ambição com propósito, o descanso é tão importante quanto a ação, e diminuir o ritmo e recuperar são essenciais para nossa sobrevivência. Você sabia que existem treinadores de sono olímpicos? Treinadores de sono e médicos ajudam atletas de alta performance a otimizar o descanso e o período de recuperação, no que se convencionou chamar de "doping natural". O dr. Jeffrey Durmer, especialista em sono da seleção norte-americana de levantamento de peso, explica isso bem: "A síndrome do excesso de treinamento não se dá por conta do excesso de treinamento em si, mas de uma recuperação insuficiente. Se você não se recupera o bastante, o treinamento em si pode vir a ser prejudicial".[16]

Essa é uma metáfora perfeita para a vida. Não temos como estar presentes para nós mesmos, para as pessoas que amamos e para nossas missões se não diminuirmos o ritmo e descansarmos. No entanto, esta época pode tornar isso desafiador. Infelizmente vivemos em uma sociedade que está sempre na ativa e que foi estruturada para manter os grupos historicamente excluídos trabalhando o tempo todo. Também somos bombardeados por stories nas redes sociais sobre a cara que a produtividade e o sucesso devem ter. Viver neste momento é como disputar uma ultramaratona. Não conseguiremos fazê-lo sem desacelerar e nos reabastecer ao longo do caminho. É nesses momentos de descanso que podemos nos reconectar com o porquê por trás de nossas ambições.

Se você está lendo isso e sentindo que não tem como desacelerar, que não pode se dar a esse luxo, eu entendo. Entendo mesmo. E quero que você compreenda por que precisa se esforçar tanto para começar a se defender (e defender uma mudança sistêmica) de maneira mais efetiva.

EXERCÍCIO

TRABALHAR DEMAIS LEVOU VOCÊ AO ESGOTAMENTO?

1. Você se tornou pessimista ou derrotista no trabalho, mesmo em relação a coisas que costumavam ter grande importância para você?
2. Você precisa de mais energia e esforço para ir para o trabalho agora do que precisava antes? Você tem dificuldade de se concentrar e começar o expediente?
3. Você tem menos paciência com pessoas com quem antes se importava (clientes, colegas, gerentes)?
4. Você sente um esgotamento físico e emocional? Tem menos energia para entregar o que precisa no trabalho?
5. Está ficando cada vez mais difícil manter o foco?
6. Com que frequência você se sente sobrecarregado por seu trabalho e sua lista de pendências? (Com pouca frequência, com frequência, com muita frequência.)
7. Você se sente motivado? Aquilo que antes impulsionava você parece menos significativo agora?
8. Você está usando estratégias de evitação para não sentir desconforto (por exemplo, compras, bebida ou comida)?
9. Você apresenta sintomas físicos, como dores de cabeça, de estômago, ou mudanças no padrão de sono ou apetite?
10. Você se repreende por precisar descansar ou por estar em um momento improdutivo? Se sim, por quê?
11. O que você nota em relação a sua experiência com trabalhar demais?

A DISPARIDADE SALARIAL

Por que muitos dos membros de grupos historicamente excluídos não se sentem merecedores? O que os leva a nutrir uma relação insustentável com o trabalho? Um dos motivos é o enviesamento dos sistemas financeiros, que sustenta o ciclo do trabalhar demais e nossa relação complicada com a ambição. De acordo com o Relatório Global de Desigualdade de Gênero de 2023, levará 131 anos para que a disparidade salarial de gênero no trabalho seja eliminada, e esse processo se estendeu de maneira significativa nos últimos anos, devido a uma maior instabilidade no mundo.[17] Mesmo na América do Norte, onde há mais oportunidades, ainda levará pelo menos 59 anos para que a paridade seja atingida.[18] Embora haja poucos dados sobre a equidade salarial em relação a pessoas trans e não binárias nas corporações norte-americanas, de acordo com uma análise de 2019 do Williams Institute, "um em cada cinco adultos LGBTQ+ (22%) vive na pobreza nos Estados Unidos", em comparação com 16% de suas contrapartes hétero e cis.[19]

Ao longo da vida a disparidade salarial pode somar milhões. Ela pode ser a diferença entre ter ou não uma poupança. Entre sobreviver ou não a uma emergência médica. Entre viver ou não na pobreza. Mulheres de 75 anos em diante têm mais que o dobro de chances de viver na pobreza que homens da mesma idade, e, embora múltiplos fatores influenciem isso, a disparidade salarial certamente é um deles.[20] Dinheiro, em muitíssimos casos, representa liberdade, capacidade de investir em recursos. A disparidade salarial pode ser a diferença entre conseguir ou não pagar alguém para cuidar dos filhos e subir hierarquicamente no trabalho, caso esse seja seu desejo. A falta de paridade salarial

DISPARIDADE SALARIAL DE GÊNERO EM DIFERENTES RAÇAS[21]

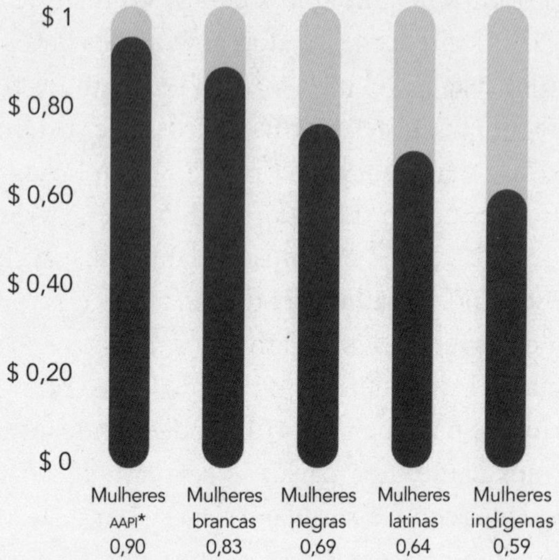

* Asiático-americanas e das ilhas do Pacífico, na sigla em inglês.

é mais uma maneira como certos sistemas interrompem nosso sucesso e prejudicam nossa capacidade de crescer com propósito e de maneira harmoniosa. Meus clientes e eu já fizemos hora extra ou aceitamos mais tarefas porque precisávamos de mais dinheiro, o que muitas vezes exacerba o trabalhar demais e até doenças.

Antigamente dominava a narrativa de que as mulheres não faziam boas escolhas financeiras. Conselhos comuns envolviam economizar, cortando o cafezinho e alguns pares de sapatos — ou seja, chamavam-nos de frívolas. Mas e se em vez disso recebêssemos salários iguais?

CERTAS MENTALIDADES NA VERDADE CONSISTEM EM ARMADILHAS CULTURAIS E SISTÊMICAS

Além das ciladas da cultura do trabalho sem fim e da disparidade financeira, há algumas crenças com as quais muitos de nós lidamos cuja definição mais apropriada seria "armadilhas culturais". Vamos explorá-las juntos.

SÍNDROME DO IMPOSTOR

Quando entrei no mundo do coaching não encontrei ninguém parecido comigo e cheguei imediatamente à conclusão de que não pertencia àquele lugar. Eu me sentia uma impostora, algo com que muitos de nós estão familiarizados demais.

A ideia de uma "síndrome do impostor" foi mencionada pela primeira vez em 1978 pelas psicólogas clínicas dra. Suzanne Imes e dra. Pauline Rose Clance, que de início falaram em "fenômeno da impostora". Elas pesquisavam estudantes mulheres que nutriam sentimentos de falsidade intelectual, apesar de suas realizações e dos elogios que recebiam. Quando o estudo foi expandido para entrevistar 150 jovens e mulheres excepcionalmente bem-sucedidas profissionalmente, as psicólogas perceberam que muitas compartilhavam desses traços. Em grande parte isso se explica pela representatividade na época: era fácil uma mulher no ambiente de trabalho estar rodeada por uma maioria de homens e chegar à conclusão de que não se encaixava ali.[22]

Hoje a síndrome do impostor se estende à sensação de que não fazemos parte do grupo dominante ou central em uma organização — talvez você seja a única pessoa queer, a única mulher ou a única pessoa neurodivergente. Quando sentimos que não pertencemos a algum espaço, começamos a questionar nossa capacidade, apesar das realizações que obtivemos. Talvez você já tenha se sentido assim. Muitos dos meus clientes foram os primeiros ou são os únicos membros de grupos historicamente excluídos nos ambientes em que se encontram. Sentir-se diferente do restante faz com que eles questionem seus dons e seu pertencimento. E isso acontece com a maioria das pessoas: 70% de nós vivenciará a síndrome do impostor em algum momento da vida.[23]

O problema da síndrome do impostor é: ela pega uma série de comportamentos perfeitamente humanos, como medo e dúvida, e os transforma em uma síndrome, uma patologia, especialmente no caso das mulheres. Quando Imes e Clance conduziram sua pesquisa na década de 1970, não levaram em conta os efeitos de racismo, classismo, homofobia, transfobia ou xenofobia em nossa psique. A síndrome do impostor não é uma questão de mentalidade; ela é sistêmica.

Em um artigo publicado por Ruchika Tulshyan e Jodi-Ann Burey na *Harvard Business Review*, "Stop Telling Women They Have Imposter Syndrome" [Parem de dizer que as mulheres sofrem da síndrome do impostor], isso é devidamente desmantelado. Segundo as autoras:

1. "A síndrome do impostor culpa o indivíduo, sem considerar o contexto histórico e cultural fundamental em que ela se manifesta nas mulheres brancas e naquelas racializadas".

2. "A síndrome do impostor nos direciona a consertar as mulheres no ambiente de trabalho, em vez de consertar o ambiente em que as mulheres trabalham".

3. "Os ambientes de trabalho continuam sendo mal orientados, no sentido de buscar soluções individuais para questões desproporcionalmente causadas por sistemas de discriminação e abuso de poder".[24]

Quando comecei a trabalhar como coach, minha sensação de impostora se devia em parte a meu sistema de crenças e em parte ao sistema no qual eu operava: correr o risco de iniciar uma segunda carreira é um privilégio, e não está disponível a todos. Recomeçar do zero exige tempo, dinheiro e recursos que nem sempre estão disponíveis para identidades marginalizadas. Mulheres — e mulheres racializadas mais ainda — não costumam ter uma segunda chance. Qualquer fracasso, independentemente de quão passageiro e eventual, ou de contribuir ou não para o crescimento do indivíduo, é escrutinado e avaliado de maneira muito mais insidiosa.[25] Embora haja poucos dados e pesquisas nessa área, na prática o coaching é visto como predominantemente branco e feminino. Quando ainda se tratava de uma indústria incipiente, não havia muitas pessoas racializadas que pudessem se arriscar nela.

A discriminação e o abuso de poder dentro dos sistemas fazem com que nos questionemos e nos voltemos a uma versão menos saudável de nossa ambição — e sentir que não pertencemos muitas vezes nos leva a trabalhar mais para provar nosso valor. O foco exclusivo em nossa suposta inadequação distrai a atenção de um sistema corrompido. Precisamos nos concentrar *menos* em nos consertar e *mais* em transformar o mundo. E não podemos ter uma conversa sobre grupos historicamente excluídos e ambição sem considerar os sistemas responsáveis pelos obstáculos que eles enfrentam.

FALTA DE SEGURANÇA PSICOLÓGICA

Uma vez me pediram para mediar uma conversa entre um grupo de líderes femininas sênior de uma empresa de tecnologia financeira e seu CEO. A empresa queria recrutar mais mulheres, mantê-las por mais tempo e apoiá-las na liderança, de modo que antes precisava compreender quais eram os obstáculos nesse sentido.

Na conversa incentivamos as mulheres a falarem abertamente sobre sua experiência na empresa. Todas contaram histórias envolvendo machismo, microagressões, uma cultura de horas extras que dificultava a vida pessoal, além de serem excluídas dos acordos e das contas mais importantes. O CEO ouviu um punhado de histórias e anotou quando outras mulheres assentiam, sinalizando que já haviam passado por algo parecido. Mais ou menos na metade da conversa de uma hora e meia, o CEO comentou que tinha uma visão muito diferente da organização e que não identificava nada daquilo. Em uma frase ele invalidou a experiência de todas as mulheres na sala e feriu a segurança psicológica delas. A conversa teve fim ali.

Amy C. Edmondson, pesquisadora de Harvard especializada em comportamento organizacional, define segurança psicológica como "a crença de que você não será punido ou humilhado por expressar ideias ou preocupações, por fazer perguntas ou cometer erros, e de que é seguro para a equipe correr riscos interpessoais".[26] Você pode se sentir à vontade para participar verdadeiramente de um brainstorming, porque sabe que não será constrangido se suas ideias não forem perfeitas; pode questionar com delicadeza seus colegas ou até mesmo a autoridade caso ache que um erro foi cometido. Você pode sentir que não há problema em fazer perguntas à gerência mesmo achando que "deveria" saber a resposta. Se você ocupa uma posição de gerência ou liderança, criar um ambiente psicologicamente seguro é o que garante que todos, em especial membros de grupos historicamente excluídos, tenham uma oportunidade de contribuir e prosperar. Com muita frequência não há segurança psicológica nas organizações, o que perpetua a exclusão. Em minha experiência, o medo está no cerne dessa dinâmica.

Para aqueles que não se veem como parte do grupo dominante, a ausência de segurança psicológica fica ainda mais pronunciada. E se não nos sentimos psicologicamente seguros, se somos motivados pelo medo, acabamos operando a partir da ambição centrada na dor, mesmo sem saber. É impossível ter uma relação com a ambição baseada no propósito se não estivermos dispostos a considerar como minamos a segurança psicológica nos espaços que criamos, em especial para grupos historicamente marginalizados.

A falta de segurança psicológica que sentimos no trabalho costuma ser um reflexo direto de uma falta mais ampla de segurança psicológica no mundo a nossa volta; é um microcosmo do macrocosmo. Temos poucos membros de grupos historicamente excluídos no governo criando políticas que promovam a sensação de segurança e prosperidade. (Homens brancos representam 62% de todos os eleitos, muito embora representem apenas 30% da população dos Estados Unidos.)[27] Tudo isso também se reflete nas políticas e na composição demográfica das organizações. A segurança psicológica está ausente em culturas nas quais as pessoas desejam liderar com base no medo, nas quais a crença prevalente é de que há um jeito certo de fazer as coisas, marca registrada da ambição centrada na dor.

Em seu livro *The First, The Few, The Only: How Women of Color Can Redefine Power in Corporate America* [A primeira, as poucas, as únicas: Como as mulheres negras podem redefinir o poder no ambiente corporativo norte-americano], Deepa Purushothaman escreve que "a mudança mais importante a promover, se quisermos mesmo transformar as definições tradicionais de poder, está relacionada à ideia de escassez".[28] Mentalidades de escassez são perpetuadas pelas pessoas no poder para preservar sua posição e criar conflitos entre grupos marginalizados.

Anos atrás busquei uma colaboração com uma agência de palestrantes. Tratava-se de um nome conhecido, que negociava palestras importantes para líderes no mundo todo. A agência havia sido altamente recomendada por uma colega que eu respeitava muito, de modo que imaginei que seria uma excelente opção para mim. Em uma chamada de vídeo compartilhei minha experiência, meu etos e minha linha de pensamento. Ao fim, o cofundador me agradeceu e informou que eles haviam acabado de fechar um contrato com "outra mulher do Oriente Médio", e agora estavam procurando alguém que fosse "mais claramente uma pessoa racializada". A princípio fiquei em choque. Não conseguia acreditar que aquelas palavras haviam sido ditas. Foi frustrante e doloroso, principalmente sabendo que eles agenciavam um grande número de pessoas brancas. Fiquei me perguntando se haveria uma cota para homens brancos, cis e hétero.

Quando pessoas em posições de poder perpetuam a ideia de que há espaço apenas para uma mulher racializada, uma pessoa queer, uma pessoa com deficiência etc., ficamos com a impressão de que precisamos vencer todo mundo que se parece conosco para alcançar o lugar que almejamos. Com frequência começamos a nos questionar e tendemos a pensar que o problema somos nós. No entanto, essa é uma forma especialmente insidiosa de tokenismo, porque perpetua a ideia de escassez e competição entre as pessoas que deveríamos promover.

Embora hoje vejamos mais membros de grupos historicamente excluídos em posições de liderança, ainda há um longo caminho a percorrer. Para cada cem homens no nível de gerência, há apenas 87 mulheres; no caso de mulheres racializadas, esse número cai para 82. Chamamos essa discrepância baseada em gênero de "degrau quebrado".[29] O resultado acaba sendo uma organização que não é diversa em todos os níveis — na verdade lembra mais um sistema de castas corporativo, porque não é feito um esforço para promover e abrir espaço para talentos em todos os degraus da escada. A realidade de que somos promovidos em números menores também reforça a ideia de escassez. E, mesmo que alcancemos o topo da escada, o vento contrário — menos recursos, microagressões, mais resistência — é muito mais severo que com homens brancos, cis, hétero e sem deficiência na mesma posição,[30] o que muitas vezes impacta nossa permanência na empresa e faz com que nossa ambição pareça mais um fardo.

A verdade é que há espaço para todos. A ideia de que não há é mero reflexo do viés inconsciente das pessoas — e uma armadilha na qual caímos com facilidade.

PENHASCOS DE VIDRO

Como consequência da escassez e do tokenismo sistematicamente projetados, muitos líderes sub-representados estão caindo — ou sendo empurrados — do "penhasco de vidro". Trata-se de uma situação em que uma mulher, uma pessoa racializada ou um membro de grupo marginalizado é colocado em posição de liderança em um momento tumultuado ou desafiador (por exemplo, durante uma recessão econômica ou em movimentos como o #MeToo), em que a probabilidade de fracasso é mais alta que o normal, porque as empresas decidem que precisam de alguém diferente para movimentar as coisas.[31] Em geral isso significa que estão procurando um líder que não é o homem branco de sempre. Assim, mulheres e outros líderes sub-reconhecidos são escolhidos nos momentos mais desafiadores, em que há menos recursos, e por fim são empurrados do penhasco proverbial.

Há muitas pesquisas que confirmam isso. Por exemplo, estudos demonstram que mulheres têm mais chances de ser colocadas em posições de liderança em períodos de crise financeira ou de mau desempenho.[32] Líderes historicamente excluídos têm mais chances que seus pares homens brancos de ser contratados por empresas em dificuldade, o que cria mais obstáculos para o sucesso.[33] As pesquisas sugerem que recebemos menos apoio e temos menos tempo para demonstrar que podemos mudar a situação, e, quando o fracasso "inevitável" vem, somos substituídos por líderes tradicionais, ou seja, homens brancos, o que foi apelidado de "efeito salvador".[34] No entanto, não precisaríamos ser "salvos" se nos fornecessem os recursos necessários. E ainda podemos tentar compensar a falta de recursos de outras maneiras, o que acaba por nos exaurir no intuito de provar nosso valor — nessa dinâmica, com frequência perdemos de vista quem somos.

O último emprego da minha cliente Emily foi como diretora-executiva de uma organização sem fins lucrativos mundial. Tratava-se de uma entidade bastante conhecida, cujo apogeu havia sido muito tempo antes — mas Emily adorava projetos de revitalização. Quando ela assumiu o cargo, a instituição se encontrava em dificuldades. Alguns dos desafios haviam sido apresentados ao longo do processo seletivo, porém Emily não havia tido acesso a dados ou à gravidade da situação até começar oficialmente. No primeiro dia, ela ficou sabendo que o diretor-executivo anterior havia administrado os fundos da organização de maneira desastrosa, e agora eles corriam o risco de perder seu financiamento. Fora que havia uma infinidade de questões de compliance com que Emily precisaria lidar para endireitar o curso da entidade. Ela fez seu melhor, usando toda a experiência e capacidade que tinha, mas acabou não conseguindo atender a meta estabelecida, o que levou à sua demissão.

Emily não sabia na época, mas sua contratação fora um caso clássico de penhasco de vidro. Tinham botado uma mulher racializada em uma posição de liderança em um momento de instabilidade, oferecido-lhe pouquíssimos recursos e quase nenhum apoio do conselho, basicamente já preparando sua queda. Emily me disse que nunca havia sido do tipo que se lamentava e fizera o melhor para resolver tudo. Quando não dera certo, ela escrutinara a experiência, em uma tentativa de compreender onde havia errado e como poderia ter se saído melhor: "Eu deveria ter feito mais perguntas e esclarecido a situação financeira antes de assinar o contrato; eu deveria ter exigido mais recursos antes de aceitar o trabalho; eu deveria ter feito muita coisa diferente". Em retrospectiva, havia muitos sinais de alerta. No fundo Emily sabia que a organização não era um lugar onde poderia prosperar, mas a verdade era que ela queria o título de diretora-executiva. Foi a cilada perfeita. Uma voz em sua cabeça dissera: *Se eu conseguir reverter a situação, vou provar que sou digna.* Então Emily se desdobrara para fazer aquilo acontecer. Ela sentira que precisava daquele cargo para que seu currículo fosse levado a sério. E seu lado azarão e ferido queria ser capaz de promover aquela reviravolta, trazer estabilidade e tornar as coisas melhores para todos. Porém Emily não tinha como fazer isso naquele sistema — e, em consequência, caíra na armadilha da ambição sem propósito.

A falta de recursos e mentoria de que Emily foi alvo é comum entre mulheres e pessoas racializadas. Mulheres racializadas têm chances ainda menores de receber a mentoria e o apoio necessários para se desenvolver.[35] Homens negros têm menos acesso a seus líderes que homens brancos.[36] Por conta do viés de afinidade, a maioria dos líderes tende a promover e oferecer mentoria às pessoas que mais se assemelham com eles em aparência e maneira de pensar.[37] Como faltam líderes negros e pertencentes a grupos historicamente excluídos, essas pessoas não recebem a mentoria necessária e, assim, veem suas possibilidades de ascensão limitadas. É um ciclo que se perpetua.

Se falta representatividade no topo, não é por falta de ambição, algo que temos de sobra. Homens negros são mais ambiciosos que seus pares brancos.[38] Mulheres racializadas são mais ambiciosas que mulheres brancas e que homens brancos.[39] A falta de representatividade nos cargos mais altos não acontece por não querermos sucesso ou por não nos importarmos em ocupar posições de liderança, mas porque há muito mais elementos operando contra nós do que a nosso favor.

É o sistema, com seus vieses inerentes, que falha conosco, e não nós que falhamos como líderes. O penhasco de vidro é uma maneira desajeitada e superficial de abordar a falta de representatividade, e acaba por criar mais problemas.

Poucas coisas destroem a boa relação de uma pessoa com a ambição como pedir que ela conclua uma corrida em metade do tempo, com metade dos recursos. Isso perpetua a sensação de urgência, de perfeccionismo e de que é preciso trabalhar redobrado — algo que é difícil de impedir e do qual é difícil se recuperar.

As estruturas em que confiamos falharam conosco, de modo que nos restam duas opções: operar em um espaço disfuncional, que alimenta a ambição centrada na dor, ou tomar as rédeas da situação.

Alguns desses sistemas e comportamentos coletivos levaram muitos grupos marginalizados a empreender. A pandemia incentivou mais mulheres racializadas a abrir um negócio — não por uma questão de oportunidade, mas de necessidade. Diante da dificuldade de cuidar dos filhos, das questões financeiras, da perda do emprego, dos salários baixos e da desvalorização, muitas decidiram resolver essas questões por conta própria. A ausência de apoio nos sistemas corporativo e governamental forçou muitas pessoas a criar a própria estrutura de apoio. Muitas corporações não fizeram o bastante para abrir espaço para a ascensão de líderes sub-reconhecidos talentosos, ambiciosos e capazes de mudar o jogo, portanto muitos deles decidiram abrir espaço para si mesmos.

Embora os sistemas de opressão sejam muito reais e culpados, nem tudo é negativo. Acredito que podemos operar em sistemas injustos *e* ter a vida que desejamos, ao mesmo tempo que trabalhamos por um mundo diferente. As duas coisas podem ser verdade. Os dados podem ser desanimadores, mas vejo possibilidades para todos nós.

RESUMO DO CAPÍTULO

- Certas ideologias sustentam uma ambição centrada na dor, portanto ela não é uma questão individual: é sistêmica.
- A cultura do trabalho sem fim é usada pelas corporações para prejudicar ainda mais aqueles que mais precisam ser apoiados: grupos historicamente excluídos.
- Trabalhar demais é uma questão sistêmica. Não seríamos levados a isso se todos partissem do mesmo ponto. A disparidade salarial é o exemplo perfeito disso.
- Sistemas de discriminação e abusos de poder nesses sistemas são os elementos que nos levam a questionar a nós mesmos e nos voltar para uma versão menos saudável de nossa ambição. A sensação de que não pertencemos muitas vezes nos faz trabalhar ainda mais para provar nosso valor.
- A síndrome do impostor não é uma questão individual. Em vez de pensar em "consertar" membros de grupos historicamente excluídos no ambiente de trabalho, precisamos "consertar" os lugares onde membros de grupos historicamente excluídos trabalham.
- Pessoas de grupos marginalizados têm muito mais operando contra elas do que a favor.
- Não se trata de pessimismo. A maré parece estar virando lentamente.

PARTE II

INCORPORANDO A AMBIÇÃO COM PROPÓSITO

4. Honre seu propósito

Sucesso é ir dormir à noite sabendo que
nossos talentos e dons foram usados
de maneira que serve aos outros.

Marianne Williamson, *Um retorno ao amor*[1]

Até aqui, passamos a maior parte do livro explorando as feridas, as mentalidades e os sistemas que nos conduzem à ambição centrada na dor. No entanto, não precisamos sucumbir a esse modo de trabalhar. Podemos avançar e alcançar nossos sonhos mais desvairados, mesmo depois de importantes reveses. O primeiro passo é descobrir — e honrar — seu verdadeiro propósito.

Mas antes: o que exatamente é propósito?

PROPÓSITO: NOSSA RAZÃO DE SER

Nas culturas ocidentais, tendemos a relacionar nosso propósito com o trabalho — o que não é de modo algum a mesma coisa. Propósito é como expressamos nossa essência da maneira mais autêntica possível. Simplificando, é nossa contribuição sagrada — seja à família, à comunidade ou ao bem maior. Nosso trabalho pode ser uma expressão desse propósito, mas não precisa ser (e com frequência não é). Não envolve necessariamente ter uma carreira brilhante, e sim compreender o brilhantismo que há nela. Na verdade, certas culturas nativo-americanas, incluindo a dos laguna pueblo, acreditam que, porque nossa existência espelha a natureza,[2] não estamos aqui apenas para ganhar dinheiro e mudar o mundo, mas para sermos extraordinários e maravilhosos, tal qual ela. Para sermos nós mesmos, seria possível dizer, trazermos à tona nossas partes mais genuínas, puras e singulares, e oferecê-las aos outros. Quando nossa ambição vem desse lugar, a humanidade se cura.

Muitos de nós se sentem sobrecarregados pela ideia de propósito. No entanto, o propósito costuma ser bastante simples. É com a *expressão* dele que nos atrapalhamos. Alguns de nós podem estar na Terra para mudar o mundo, enquanto outros podem ter encarnado desta vez para tornar a vida de uma pessoa melhor por meio da bondade, ou para contribuir para a beleza do mundo com sua arte, sua música, sua generosidade. Seu propósito pode ter um impacto amplo ou ser um pouco mais específico; não existe certo ou errado. É por isso que amo a definição do autor Stephen Cope — "trazer à tona o que há de melhor dentro de nós" —:[3] porque significa que seu propósito na verdade é bastante simples. O meu, por exemplo, é ajudar as pessoas a se tornarem quem são. O de minha amiga Shirin, que também é coach, é trazer alegria a cada interação.

Quando pensamos nosso trabalho a partir de um espaço repleto de propósito e não de dor, a vida se desdobra lindamente, e muito mais se torna disponível. Nós nos sentimos livres e realizados. Nossos dias se tornam mais significativos. Vivemos de uma maneira fiel a quem somos e por que estamos aqui. Quando pensamos em um trabalho motivado pelo propósito, muitos visualizam professores, ou pessoas que trabalham para ONGS. Na verdade, pode ser qualquer contribuição que desperta o melhor em nós. Viver nosso propósito é um direito de nascença. Todos deveríamos ter a oportunidade de contribuir com o que há de melhor dentro de nós, porém nem sempre é possível. Se e quando for, no entanto, podemos inspirar outros a fazerem o mesmo, criando um efeito dominó capaz de mudar tudo. É assim que nosso propósito se interconecta com o das pessoas a nossa volta. Quanto mais acessamos essa razão autêntica de ser, mais chances temos de transformar os sistemas e as estruturas que nos reprimem e limitam nosso potencial.

Neste capítulo, quero convidar você a ser um cocriador ativo de um futuro melhor para todos nós, apenas vivendo seu propósito. Falarei sobre propósito no contexto vocacional, já que se trata de um livro sobre sustentar o tipo certo de relação com a ambição no trabalho, mas quero ser bem clara aqui: o propósito é muito maior que nosso trabalho diário.

EXERCÍCIO

DESCUBRA SEU PROPÓSITO

1. Em se tratando do seu propósito, como acha que seria trazer à tona o que há de melhor dentro de si?
2. O que sua alma veio fazer aqui, nesta vida? Feche os olhos e se concentre na sua respiração por um momento. Permita que a resposta venha, sem insistir ou

forçar. Se a perguntar parecer grandiosa demais, siga em frente e retorne a ela depois.

3. Pegue um caderno e preencha a lacuna: Vim à Terra para ___________.
4. O que você quer melhorar para si, para sua família, para sua comunidade, ou como você quer contribuir para o bem maior?
5. Depois de se voltar para dentro, use as ferramentas à sua disposição. Gosto de utilizar astrologia e design humano para ajudar a esclarecer um propósito. Acesse aminaaltai.com/bookresources (em inglês) para uma meditação que o ajudará nisso.
6. Propósito pode parecer algo grandioso demais para abordar. Se você teve dificuldade de responder às perguntas acima, faça um registro diário das situações que trazem à tona o que há de melhor dentro de si. Depois de um mês retorne a ele e verifique quais temas surgem.

Infelizmente muitos de nós confundem propósito com seus primos completamente diferentes: o desempenho e a paixão.

PROPÓSITO E DESEMPENHO

Muitos de nós atingiram a maioridade em uma época de obsessão por conquistas, títulos e otimização. Aprendemos que, se estivermos sempre mergulhados de cabeça na busca de um objetivo nobre, seremos dignos. Então nos inscrevemos em concursos de dança, cerimônias de mudança de faixa de caratê, competições de soletrar, sem distinguir muito bem o que é para nós e o que não é. Lamentavelmente muitos levam a competitividade e o foco em desempenho para a carreira. Ficamos preocupados com cargos, promoções e com qual será o próximo passo — tanto que esses sinais externos de sucesso se tornam a única razão do nosso esforço. Em alguns casos essa necessidade de bom desempenho nos consome a tal ponto que relacionamos as conquistas que obtemos à nossa identidade.

Desempenho, no entanto, é como atuar — que envolve quão bem realizamos um trabalho ou uma atividade. Desempenhamos esse papel a vida inteira, até que ele para de funcionar. Porém a necessidade de realizar algo sem saber o motivo com frequência resulta em puro caos. E em desequilíbrio, esgotamento e prejuízo a nós mesmos e aos outros, para que o objetivo seja alcançado. Lembra as *girlbosses* e os *tech-bros* que mencionei antes?

Quando trabalhamos com base em uma ferida central, a maioria se concentra obsessivamente no desempenho. Queremos atingir as marcas e realizar um bom trabalho, mas em geral não sabemos muito bem por quê — fora atender a uma necessidade de segurança e valorização. Mas o que aprendemos lendo as histórias dos meus clientes na Parte I é que nem o desempenho perfeito, tampouco todas as conquistas do mundo farão alguém se sentir completo. Para tal, precisamos realizar um trabalho interno.

Um ótimo exemplo disso é minha cliente Kim, uma executiva de marketing que começou a carreira em marcas importantes da indústria da beleza, na área de bens de consumo embalados. Ela era ótima em seu trabalho e vendia "uma porrada de coisa", como me contou em nossa primeira reunião, de rímel a paletas de contorno e séruns — o tipo de coisa que as mulheres provavelmente já tinham o bastante. Kim sabia fazer as consumidoras quererem o que ela oferecia. Era "a louca da conquista" (palavras dela) e trabalhava muitas horas, virando a noite para se preparar para reuniões de marketing global e para garantir que seus produtos continuassem vendendo. Kim ficava extasiada se conseguia aumentar o lucro das empresas para as quais trabalhava. Então, aos 36 anos, ela teve um câncer na tireoide, e do nada tudo começou a parecer sem sentido. O diagnóstico e a radioterapia que se seguiu foram duríssimos. Para piorar, Kim acabou sofrendo de menopausa precoce por conta do tratamento, de modo que perdeu a opção de ter filhos biológicos.

Devastada pela experiência, Kim decidiu dar sentido àquela situação e se pôs a examinar tudo o que usava no corpo. Alguns dos estudos que leu sugeriam que certos componentes de maquiagens são desreguladores endócrinos[4] e podem levar a certos tipos de câncer.[5] Após três anos de pesquisa e trabalho com laboratórios e especialistas em química verde, Kim lançou sua própria marca de maquiagem *clean*. Ela estava comprometida a conscientizar outras pessoas sobre os componentes potencialmente nocivos dos produtos de uso diário. Ela sentia que seu propósito era compartilhar uma nova maneira de ser e canalizou isso para a carreira, ajudando consumidores a fazer escolhas melhores para si e para o planeta, de modo a não adoecerem, como havia acontecido com ela. "Menos coisas, mais soluções", ela comentou, em tom de brincadeira, em nossa última conversa.

Em seus trabalhos anteriores, Kim perseguia as metas estabelecidas pela empresa para sentir que era digna. Em sua empresa, no entanto, ela estava comprometida a usar a própria dor para mudar o que havia de errado na indústria da beleza. Seu trabalho tinha um impacto positivo nas pessoas e no mundo a sua volta. Kim passou a fazer escolhas de maneira alinhada. Antes ela era focada no desempenho, depois foi cativada pelo propósito.

POR QUE PAIXÃO NÃO BASTA?

Às vezes confundimos paixão com propósito. Na verdade grande parte da discussão social envolvendo o trabalho se centra na importância da paixão. Mas você já ouviu alguém dizer "Faça o que ama e nunca terá que trabalhar" e pensou que isso não se aplicava no seu caso? Muitas pessoas são apaixonadas pelo que fazem, mas a verdade é que isso nem sempre funciona para nós. Na realidade, a fetichização relacionada a fazer o que se ama é o que muitas vezes nos leva a fracassar. Quando seguimos nossa paixão, acreditamos que todo o resto vai se encaixar — relacionamentos, finanças, bem-estar e a felicidade geral. É aí que reside o problema.

A verdade é que, quando nos concentramos somente na paixão, acabamos nos decepcionando. Um estudo da Deloitte sobre *burnout* descobriu que 87% dos trabalhadores são apaixonados pelo trabalho, mas 64% deles se sentem regularmente estressados, acabando com o mito de que quando amamos nosso trabalho não nos exaurimos e tudo se resolve.[6] Vi muitas pessoas tão apaixonadas pela profissão que nunca tiravam uma folga, até que isso cobrava seu preço. Ou pessoas que tiveram que fechar as portas de seu negócio porque amavam tanto o que faziam que nem cobravam o necessário para se sustentar. Erin Cech, autora de *The Trouble with Passion: How Searching for Fulfillment at Work Fosters Inequality* [O problema da paixão: Como a busca pela realização no trabalho promove a desigualdade], chama isso de "princípio da paixão": priorizar um trabalho que realiza o indivíduo, mesmo à custa da própria segurança ou de um salário digno.[7]

Quando nos concentramos apenas na paixão e nos dispomos a correr riscos financeiros significativos em nome dela, isso é um sinal de que, o que quer que estejamos fazendo, talvez não seja sustentável. E quando um trabalho não é sustentável, desmoronamos, ficamos doentes ou pedimos demissão. Um trabalho insustentável alimentado apenas pela paixão é marca registrada da ambição centrada na dor. Além disso, uma carreira baseada exclusivamente na paixão não é viável para todos. Pessoas oriundas das classes mais altas e de famílias abastadas se encontram em uma posição melhor para manter um emprego que se alinhe com sua paixão, além de contar com mais conexões sociais e mais redes de segurança financeira — como heranças e pais que cubram suas despesas durante períodos de estágio não remunerado — que lhes possibilitem isso.

É por isso que defendo o propósito em vez da paixão. Alinhar-se a seu propósito, e não apenas a sua paixão, permite que você honre seus dons de maneira ao mesmo tempo prática e construtiva, em vez de exploradora. Essa é a porta de entrada para uma relação mais saudável com a ambição.

EXPRESSANDO SEU PROPÓSITO

Como mencionei antes, seu propósito pode ser simples. O processo de expressá-lo, no entanto, pode levar algum tempo e tende a ser o ponto de maior tensão para a maioria de nós. Ainda bem que há algumas maneiras de começar o processo juntos.

CRIE UMA CONSTELAÇÃO

A Estrela Polar é a mais brilhante do Hemisfério Norte e se encontra próxima ao eixo terrestre. Ela dá a impressão de que se mantém imóvel, motivo pelo qual em muitas culturas simboliza a verdade. Nosso propósito é bastante parecido com a Estrela Polar, no sentido de que é a verdade por meio da qual nos guiamos. No entanto, nos dias de hoje, pode parecer muita pressão ter que escolher uma única estrela-guia. Muitas áreas despertam nosso interesse e nos inspiram a dedicar nossos dons. E com todo o acesso que temos à informação, um número maior de indivíduos pode desenvolver novas habilidades e alcançar mais pessoas. Permita que seu verdadeiro eu se expresse plenamente, descartando a ideia de que o propósito só pode ser expresso de uma maneira.

Gosto de como Michael Ventura, autor de *Applied Empathy* [Empatia aplicada] e colega defensor do propósito, descreve isso, mencionando que construímos nossa vida "em torno de uma constelação, e não de uma única estrela-guia [...] os pontos de luz em sua vida ajudam você a concretizar seu eu mais pleno e completo", assim a constelação se torna uma "ferramenta para te orientar".[8] Utilizamos esses pontos de luz e os ligamos a nossa história e ao que estamos aqui para compartilhar. Usar uma constelação para nos guiar até quem somos chamados a ser é uma abordagem muito mais generosa que a pressão de uma estrela-guia ardendo no céu.

Por exemplo: comecei minha carreira no marketing, que me deu uma base sólida de negócios. Essa experiência deixou claro para mim que eu queria trabalhar com idealizadores e líderes de grupos sub-reconhecidos. Após minha crise de saúde, tive que focar meu trabalho no bem-estar, porque sabia que isso era crucial para alguém prosperar. Todas essas estrelas na minha constelação me trouxeram aonde me encontro agora.

Guiar-se por sua constelação pode envolver se interessar pelo trabalho com capital privado, depois se juntar à luta pelo fim da disparidade salarial entre gêneros, culminando em um movimento para apoiar mães que trabalham fora através de mudanças políticas. Passamos de um ponto brilhante a outro e permitimos que nossa direção se altere continuamente.

DEFINA SUA MISSÃO

Ter uma missão bem definida ajuda a seguir a constelação de seu propósito. Sua missão é seu objeto pessoal e inclui os veículos por meio dos quais você planeja pôr seu propósito em prática. Por exemplo:

- Como mencionei anteriormente, meu *propósito* é ajudar as pessoas a se reencontrarem.
- Minha *missão* é ajudar pessoas de grupos historicamente excluídos a encontrar propósito, paz e prosperidade, como uma maneira de se reencontrarem.
- Faço isso como coach de negócios e carreira, dando palestras e cursos, por meio do meu podcast e deste livro, que são meus *veículos*.

Agora vou dar outro exemplo. Minha amiga Shirin, já mencionada aqui, identifica que seu propósito é *trazer alegria a cada interação*. Sua missão é *transformar as pessoas através da alegria*, o que ela realiza através do *trabalho de coach*, *da atuação em um podcast e como professora* (seus veículos). Ela mantém o propósito e a missão de quando era cantora de ópera em seu trabalho atual de coach — foram os veículos que mudaram com o tempo. Isso também vale para mim.

Está claro como propósito, missão e veículos interagem?

Agora quero que você compreenda como seu propósito se traduz em uma missão e em veículos. O exercício a seguir ajudará nesse sentido. Antes de começar, é importante que saiba que se trata de um grande trabalho e que às vezes pode parecer impossível responder a uma pergunta. Então faça uma primeira tentativa, mantendo as expectativas baixas. Nossa missão e nossos veículos evoluem ao longo da vida, não podendo ser definidos de uma vez só.

EXERCÍCIO

DEFINA SUA MISSÃO E SEUS VEÍCULOS

1. Qual é sua missão? Qual é seu objetivo? Preencha a lacuna: Minha missão é _____________.
2. Preencha a lacuna: Quero contribuir para um mundo onde ____________ seja possível. (Pode ser no contexto da sua família, da sua comunidade ou do bem maior.)
3. Por que você seria a pessoa perfeita para isso?
4. Esclareça seus motivos. Por que essa missão é tão importante para você? O que ela possibilitaria em sua vida e no mundo a sua volta?
5. Isso está alinhado a uma ambição com propósito? Parte disso vem da dor? Se a resposta para a segunda pergunta for sim, como você pode mudar isso?

6. Que veículos possibilitam que você cumpra sua missão e seu propósito? Pode ser seu trabalho diário, um empreendimento empresarial, um podcast, uma série de oficinas, uma turnê de palestras... qualquer coisa.

VIVER DIRECIONALMENTE

À medida que começamos a identificar e seguir nosso propósito, devemos permitir que a expressão dele evolua conosco. Não somos estáticos, então por que a maneira como compartilhamos nosso propósito deveria ser? Uma de minhas melhores amigas, Megan Hellerer, que foi coach de carreira de Alexandria Ocasio-Cortez, chama isso de viver *direcionalmente*, em vez de *destinalmente*.

Viver destinalmente é buscar um único objetivo: um emprego, juntar certa quantia de dinheiro, comprar uma casa, atingir certo status. Tudo o que fazemos é com o objetivo de nos aproximarmos desse destino. Viver direcionalmente, por outro lado, significa buscar o que nos cativa em qualquer momento dado, mesmo que isso mude. Em vez de buscar um destino, nós nos permitimos abordar novas oportunidades, seguindo sempre nosso guia interno. De nosso ponto de vista atual, talvez identifiquemos apenas alguns passos à frente. Então, ao dar esses passos, os seguintes se revelam, e assim vai. Cada ação aponta onde firmar o pé em seguida, por isso levar uma vida direcional é tão importante. Se nos permitirmos mudar ao longo do caminho, podemos chegar a um lugar radicalmente diferente do que considerávamos possível.

Minha cliente Linda é a personificação do que é viver direcionalmente. Seu propósito é ajudar as pessoas a se sentirem confortáveis, o que ela fazia como designer de interiores e faz agora como nutricionista. Durante sua transição de carreira ela não pensava em atender clientes diretamente. Queria criar cursos e ser uma autoridade no assunto, e não se imaginava distante disso. No entanto, quando começou a desenvolver e testar seu trabalho — algo que precisava ser feito de maneira individual —, Linda se deu conta de que amava o cara a cara. A sensação era fisicamente boa. Seu GPS interno apontou uma direção na qual ela não pensara de início. Caso vivesse destinalmente, Linda teria se atido ao plano original e esquecido essa possibilidade de trabalho. No entanto, como vivia direcionalmente, ela acabou mudando seus veículos e, como resultado, passou a se sentir mais realizada.

Vivemos em um mundo que nem sempre nos faz sentir que podemos mudar de ideia. Valorizamos aqueles com a tenacidade necessária para ir até o fim com as coisas, ainda que elas acabem desalinhadas com o propósito. Celebramos a coragem, a determinação, a persistência. Mas qual é o sentido disso tudo se viola quem somos, o que queremos e o que tornará o mundo um lugar melhor?

Eu preferiria ser mal compreendida a ser reduzida a algo que não sou. Então, à medida que você passar de uma estrela a outra e obtiver clareza quanto a sua missão e seus veículos, permita-se avaliar seu alinhamento sempre que puder. Há uma grande força em abrir mão do que não nos serve, não importa quanto tivermos avançado por determinado caminho.

VIVENDO SEU PROPÓSITO: UMA ESTRUTURA DE LIDERANÇA ALINHADA

Agora que entendemos melhor o que é propósito (e o que não é) e como podemos começar a defini-lo, quero compartilhar uma ferramenta que pode ajudar a identificar como incorporá-lo em seu trabalho. Sempre que ajudo clientes a descobrir seu propósito único, conduzo-os em um processo que chamo de estrutura de liderança alinhada. Essa estrutura ajuda a determinar como *expressar* melhor seu propósito, servindo como uma métrica para considerar ofertas de emprego ou ideias de negócios, verificando se estão ou não alinhadas com quem você é e com aonde quer chegar. Quer você precise tomar uma decisão quanto ao próximo passo importante em sua carreira, quer esteja tentando determinar se sua mais recente paixão deveria se tornar um empreendimento grandioso ou ser apenas um hobby, essa estrutura esclarecerá o que é para você e levará à sua realização. Esse é o teste definitivo.

Você pode estar pensando: *Você não acabou de apresentar uma estrutura para decidirmos se estamos alinhados à ambição com propósito?* Embora caminhem de mãos dadas, as estruturas da ambição com propósito e da liderança alinhada não são a mesma coisa. A primeira garante que o desejo de crescimento venha de nossas partes mais verdadeiras e autênticas; já a segunda garante que a forma como damos vida às coisas seja sempre o mais harmoniosa possível. A ambição com propósito tem a ver com *você*. A estrutura da liderança alinhada garante que as oportunidades que se apresentarem a você estejam *conectadas* com seu verdadeiro eu.

Vamos dizer que você receba a ligação de alguém oferecendo um emprego maravilhoso do outro lado do país. Seu salário dobraria e você conseguiria o cargo que vinha almejando. Ótimo! Só que você é apaixonado pelo meio ambiente, e a empresa em questão não é. Na verdade, ela gera uma tonelada de resíduos. Você diz a si: *O salário é bom, talvez eu possa abrir uma exceção*. Para decidir se sua resposta será *claro que sim* ou *de jeito nenhum*, você pode considerar a oportunidade em relação aos cinco pilares da estrutura da liderança alinhada:

- Está alinhado com meus dons? *Sim.*
- Está alinhado com o que valorizo? *Não, porque valorizo o meio ambiente.*
- Está alinhado com o que me traz contentamento? *Não, porque estarei em conflito diário com meus valores.*
- Está alinhado com o impacto que quero ter? *Em parte, porque mais dinheiro pode significar mais mudança. Por outro lado, no caso do impacto ambiental, não.*
- Está alinhado com o que preciso para dar vida à minha visão? *Atende minha necessidade salarial, mas não minha missão.*

Por meio da estrutura da liderança alinhada, você verá que essa nova oportunidade na verdade vai contra seus valores e o impacto que você quer ter, de modo que, embora pareça uma boa oferta, não está alinhada com quem você é e aquilo de que precisa.

Mergulharemos em cada aspecto da estrutura da liderança alinhada nos capítulos a seguir, porém no momento vamos conferir como cada um deles funciona de modo geral.

NOSSOS DONS

A estrutura da liderança alinhada centraliza nossos dons porque, para trabalhar de uma forma que seja um bálsamo para a alma, que realmente expresse quem somos e que promova a mudança que queremos ver no mundo, precisamos invocar o melhor em nós. Todos temos uma forma única de brilhantismo, um talento raro ou um dom que nos é específico e que precisamos compartilhar. Para alguns de nós são habilidades poderosas como ser um bom ouvinte, ser empático, ser bom comunicador. Para outros, podem ser coisas mais tangíveis, como tocar trombone ou ter aptidão para física. Muitos de nós acreditam que a genialidade é para os poucos eleitos, porém acredito que esse seja um mito do patriarcado para alavancar algumas pessoas e oprimir outras. Quando apresentamos nosso brilhantismo ao mundo, podemos finalmente deixar o trabalho sem fim e atuar segundo um fluxo mais natural. Voltaremos a falar disso no próximo capítulo.

NOSSO IMPACTO

Nosso impacto é definido como as ações, os projetos e as políticas que levamos adiante afetam as pessoas, as comunidades e o ambiente. Isso faz parte da estrutura porque é como sabemos que o trabalho que fazemos está verdadeiramente conectado com nosso propósito. A ambição com propósito envolve querer algo a serviço dos outros, e não à custa dos outros. Sendo assim, avaliar nosso impacto é importantíssimo.

Mudanças incríveis podem ocorrer quando todos levamos nosso impacto em conta — mudanças que estão ocorrendo agora mesmo. Do #MeToo ao #BlackLivesMatter, das marchas pela ação climática à exigência de que os ambientes de trabalho sejam mais inclusivos, passando aos desafios dos stakeholders do capitalismo, nossas gerações estão promovendo uma mudança real. Os millennials e a geração Z apontam a mudança climática entre suas duas maiores preocupações.[9] Queremos que nosso trabalho impacte o mundo — 63% da geração Z dizem que precisam que seus empregadores compartilhem dos mesmos valores.[10] E a justiça racial é uma prioridade importante — 60% da geração Z e 56% dos millennials reconhecem que o racismo sistêmico é generalizado.[11]

Os dados mais recentes apontam que ambas as gerações expressam grande preocupação com o estado do mundo e estão tentando equilibrar a luta por mudanças com as demandas da vida cotidiana. Estamos conciliando o voluntariado com a vida profissional, os relacionamentos e o autocuidado. Também estamos gastando de maneira mais alinhada a nosso discurso, preferindo marcas cujos valores e cujo impacto estão alinhados com os nossos. Quase 75% da geração Z acredita que ser política e socialmente ativa é importante para sua identidade e para o futuro do mundo.[12] É estimulante perceber que reconhecemos o que não funciona e estamos prontos para promover uma mudança.

NOSSAS NECESSIDADES

Honrar nossas necessidades deve ser parte desse teste definitivo, porque garante a sustentabilidade. Nem sei dizer quantos clientes tive ao longo dos anos que tentaram forçar uma oportunidade que não atenderia a suas necessidades. *Mas, Amina, vou poder atuar nessa ONG incrível, vou fazer um bem enorme. Dons: confere. Impacto: confere. Necessidades: bom... É metade do salário de que preciso, mas tem vaga de estacionamento.* Não! Isso não é alinhamento. Se estamos exaustos e mal conseguimos pagar as contas, não temos como servir a nosso propósito de maneira sustentável, só vamos garantir um *burnout* futuro.

Diversos clientes meus têm uma enorme dificuldade em honrar suas necessidades, porque fomos doutrinados a acreditar que o sofrimento é nobre e que precisamos botar as necessidades dos outros acima das nossas. Porém essa é uma abordagem que não apoia a ambição. Kelly Diels, professora e coach de criadores de cultura, disse: "Se não cuidamos da feminista à frente do negócio, temos mesmo um negócio feminista?". Isso me impactou, e se aplica a todos os líderes historicamente excluídos, seja qual for a maneira como honramos nosso propósito. Se não estamos cuidando de nós mesmos nem apoiando nossas necessidades, perdemos a capacidade de realizar o trabalho e de nos sentir bem. E se o trabalho fracassar porque não cuidamos de nós mesmos, será que fizemos alguma diferença? Quando priorizamos nossas necessidades, não estamos fazendo isso apenas por nós. Estamos estabelecendo um precedente para todos com uma experiência parecida.

Ainda bem que a maré está mudando, embora devagar. A geração Z tem mais chances de tirar um dia de folga no período menstrual e considera a "demissão silenciosa" uma forma de autocuidado.[13] Eles se recusam a colocar o trabalho acima do bem-estar e do senso de si. Afirmam suas necessidades de uma maneira que as gerações anteriores não fizeram ou não puderam fazer. Quando se trata de honrar nossas necessidades, sou muito mais alinhada com eles. Um relacionamento saudável com a ambição é marcado pela sustentabilidade, e esta é consequência de honrar nossas necessidades.

O objetivo, no entanto, não é cuidar de si para aumentar a produtividade, mas honrar nossas necessidades porque merecemos isso como seres humanos.

O que nos leva ao penúltimo pilar da estrutura de liderança alinhada.

NOSSO CONTENTAMENTO

Quando se trata de incorporar nosso propósito, o contentamento é uma parte importante e com frequência subestimada da equação. A maioria de meus clientes são pessoas altamente bem-sucedidas e ambiciosas. Eu me incluo nesse grupo, e você talvez se inclua também. Para aqueles que atingiram a maioridade em meio ao capitalismo tardio, priorizar o contentamento pode parecer contraintuitivo. Na verdade, o contentamento nem mesmo é parte da conversa relacionada a trabalho para muitos de nós. No entanto, ele é o combustível que ilumina o caminho e catalisa nosso propósito. Se alcançarmos nosso propósito sem contentamento, teremos mesmo alcançado nosso propósito? (Acho que a esta altura você já sabe a resposta.) Se esperarmos até a perfeição para sentir contentamento com nossos projetos, ficaremos eternamente esperando. Se nos punirmos no processo de atingir objetos, esqueceremos nossa motivação. Costumamos ser exigentes em relação a nós mesmos e ir contra a facilidade do contentamento quando não estamos no momento presente — ou seja, quando estamos pensando no futuro ou tentando reescrever a história. À medida que avaliamos oportunidades novas e existentes de fato, devemos nos perguntar: *Isso apoia o contentamento na minha vida?*

NOSSOS VALORES

Nossos valores informam nosso comportamento, nossas escolhas e o que importa para nós. Quando realizamos um trabalho que incorpora nossos valores, nós nos sentimos mais alinhados com nosso propósito, e conectados a ele. Por outro lado, se trabalhamos em uma organização que não sustenta os mesmos princípios centrais que nós, podemos nos sentir esmagados pelo atrito interno. A maior parte de nós passa mais tempo no trabalho que em qualquer outro lugar. Esse tempo é maior do que o que passamos com as pessoas que amamos, com projetos que são nossa paixão e com nossos hobbies. Se os valores do empregador não correspondem aos nossos, é como se estivéssemos indo contra nós mesmos a cada dia de trabalho. É por isso que o alinhamento de valores precisa ser um dos critérios. Alguns de nossos valores mudarão com o tempo, porque somos seres em constante evolução; nossas necessidades mudarão, assim como nosso impacto e até mesmo os dons que desejamos botar à disposição. Permita-se reavaliar isso a cada momento de sua vida.

A GRANDE MUDANÇA

Antes de encerrarmos este capítulo, quero te convidar a sonhar. Pessoas com identidades marginalizadas com frequência se concentram tanto na sobrevivência (ou em buscar um objetivo que outros escolheram para nós) que raramente sentem que têm permissão para sonhar. No entanto, se não sabemos qual é nosso sonho, como podemos avançar rumo a ele?

Vamos começar definindo o que quero dizer com sonho. No mundo da carreira e do desenvolvimento pessoal fala-se muito sobre como "trabalhos dos sonhos" não são reais, e a mera ideia é uma receita para o fracasso. O mesmo vale para "companheiro dos sonhos", "casa dos sonhos" e afins, porque tudo e todos na vida têm suas vantagens e desvantagens. O sonho, como eu o defino, não envolve perfeição — porque perfeição não é algo real —, mas uma mudança importante que você quer ver na vida. Envolve se permitir visualizar, pela primeira vez, um tipo de transformação ou ascensão. Não se trata de um conto de fadas, mas de um planejamento do que virá a seguir, seja uma harmonia maior entre trabalho e vida pessoal; um salário específico que possibilitará viajar mais; ter as noites e os fins de semana livres para suas buscas criativas; ou tocar seu próprio negócio.

Anote qual seria essa grande mudança para você, sem se preocupar com como vai levá-la para a prática. Isso muitas vezes se resolve sozinho, ou se manifesta quando você diz sim a si mesmo. Aproveite a oportunidade para dar voz a seus desejos mais profundos, possivelmente de uma maneira que nunca se permitiu antes.

Também quero que você se permita mudar de ideia. Não acredito em planos de três ou cinco anos porque, como já sabemos, é melhor viver direcionalmente em vez de destinalmente. Permita que uma mudança abra espaço para a próxima.

EXERCÍCIO

IDENTIFIQUE SUA GRANDE MUDANÇA

1. Reserve alguns minutos para anotar uma grande mudança para o trabalho e para a vida pessoal dentro de um ano. Pense em como você deseja atualizar seu propósito. Use verbos no presente e seja tão descritivo e detalhado quanto quiser. É o seu sonho, então não se segure. O resultado pode ser uma lista, um fluxo de consciência ou até mesmo um desenho — o que importa é que fique claro para *você* e te apoie. Pense especificamente nas áreas do trabalho e da vida pessoal em que deseja promover grandes mudanças.
2. Como esse sonho difere da sua realidade atual?
3. Você está honrando todas as cinco partes da estrutura da liderança alinhada? Que partes da estrutura precisa abordar?
4. O que precisa mudar em sua realidade atual para que de fato haja um alinhamento com seus dons, seus valores, seu contentamento, suas necessidades e seu impacto?

Agora que esclarecemos bem nosso propósito e temos um método para avaliar as possibilidades que se apresentam, você pode ter ficado em dúvida quanto a como exatamente saber se algo está ou não está alinhado a seus dons. Por isso passaremos o próximo capítulo explorando como incorporar seus dons de maneira profunda e transformadora. Vamos lá?

RESUMO DO CAPÍTULO

- A maior parte de nós foi ensinada a nutrir uma obsessão pelo desempenho, porém ele nem sempre é verdadeiro. Substitua a ideia de desempenho pela de propósito.
- Mesmo aqueles que não se concentram apenas no desempenho muitas vezes se concentram na paixão. O excesso de foco na paixão pode ser insustentável, porque faz com que ignoremos nossas necessidades. Uma carreira baseada apenas na paixão não é viável para todos. Pessoas que vêm de famílias de classe média alta e alta se encontram em uma posição melhor para tal, por ter uma rede de segurança financeira e por contar com as conexões sociais necessárias.
- Esqueça a ideia de uma única estrela-guia e abra espaço para que uma constelação expresse seu propósito.
- Viver direcionalmente envolve seguir seu guia interior a cada passo do caminho. Permita-se evoluir no processo.
- Use a estrutura da liderança alinhada para avaliar oportunidades, com o intuito de garantir que estejam em sintonia com quem você é.

5. Identifique seus verdadeiros dons

Todo ser humano nasceu com um dom especial. Esse dom, para cada um de nós, é a porta de entrada para uma vida plena.

Stephen Cope[1]

Alguns anos atrás tive a oportunidade de trabalhar com uma mulher maravilhosa chamada Liz. Ela era uma mecânica de Los Angeles, e uma das poucas mulheres de sua área. Ela era muito querida por seus colegas e dedicara os nove anos anteriores se aperfeiçoando, o que lhe permitira chegar ao topo com relativa facilidade. Mas uma parte dela sentia que estava forçando a vida e o trabalho a acontecerem, o que fazia com que se sentisse péssima. Em nossa primeira sessão ela me contou diversas histórias sobre como o trabalho a estava deixando exausta e abatida. No entanto, não sabia o que fazer, porque entendia que aquele era seu dom. Como pagaria as contas se jogasse tudo para o alto?

Sugeri um exercício para ajudá-la a identificar todo o espectro de seus dons. Um que logo ficou aparente tanto para ela quanto para mim foi sua inteligência emocional. Na verdade, nos três primeiros minutos eu já me perguntava: *Quem é essa mulher brilhante e plenamente consciente, que lê emoções como se lesse um manual?* Quando exploramos isso juntas, a primeira coisa que Liz disse foi: "Tá, mas não somos todos assim?". Sorri, porque é o que ouço 90% do tempo quando estou ajudando as pessoas a descobrir quais são seus dons.

"Na realidade, não. Pouquíssimas pessoas são assim", respondi. "Isso é parte da sua magia." E, como se soubesse daquilo o tempo todo, mas aguardasse uma permissão para reconhecê-lo para si mesma, Liz começou a chorar.

A questão é: todos temos um brilhantismo dentro de nós, e ele está pronto para fluir. Alguns nasceram sabendo disso, outros precisam de tempo para descobri-lo. Parte do motivo pelo qual muitos de nós têm tanta dificuldade em reconhecer os próprios talentos como dons se deve, como no caso de Liz, a uma dificuldade de acreditar que o que nos vem tão naturalmente poderia ser percebido como genialidade. Por exemplo, seus pais talvez só valorizassem atividades relacionadas a finanças, então, quando você demonstrou aptidão para o jornalismo, pode tê-los ouvido dizer que não se tratava de uma opção de carreira. Dedicamos um tempo exagerado a tentar desenvolver habilidades que não correspondem a nossos dons, forçando-nos a ser bons em alguma coisa para a qual nosso cérebro não foi feito, uma tarefa que exige muita energia. É esse tipo de mentalidade que nos mantém na ambição centrada na dor.

Descobrir seus dons naturais, ou sua genialidade, é uma das maneiras mais rápidas de se alinhar à ambição com propósito. Infelizmente, como membros de grupos historicamente excluídos, o mundo turvou nossa visão, dificultando a reivindicação de nossa genialidade. É por isso que, quando falo sobre propósito e dons, refiro-me ao processo como "descobrir"; seus dons estiveram com você desde sempre, mas às vezes é preciso alguém de fora para ajudar a vê-los com clareza.

REIVINDIQUE SUA GENIALIDADE COM OS TRÊS Es

Saber quais são nossos talentos naturais torna mais fácil pensar o trabalho e a vida pessoal de modo a fazer contribuições mais significativas, tanto para nós mesmos como para os outros. Quando trabalho com clientes que precisam canalizar sua genialidade interior, a primeira coisa que faço é ajudá-los a identificar as áreas em que são medianos (zona elementar), aquelas em que se saem bem (zona excelente) e aquelas em que demonstram brilhantismo (zona excepcional, dos nossos dons naturais). Chamo de Três Es. A estrutura a seguir foi inspirada por *The Genius Zone* [A zona genial], de Gay Hendricks, com algumas alterações.

OS TRÊS Es

O ELEMENTAR	O EXCELENTE	O EXCEPCIONAL
Coisas em que somos medianos	Coisas em que nos tornamos excelentes	Nossos dons inatos
Áreas em que nosso cérebro tem dificuldade	Em geral o que passamos um longo tempo estudando	Pouco ou nenhum esforço necessário para ser excepcionais
Aquilo que é melhor terceirizar	Temos que nos esforçar para ser excelentes nessa área	Só deixamos fluir
Usamos energia física e mental demais	Tanto trabalho nisso pode nos levar ao *burnout*	Com frequência os subestimamos porque nos vêm com muita facilidade

Essas três zonas fazem parte de um conjunto contínuo, porque na verdade também ocupamos espaços intermediários. Algumas habilidades recairão entre o elementar e o excelente, por exemplo, ou entre o excelente e o excepcional. É praticamente impossível dividir seres humanos complexos e multifacetados em caixinhas, por isso permita-se também ocupar os espaços intersticiais.

O objetivo dessa estrutura é ajudar a identificar quanto tempo você passa em cada zona para que possa avançar no sentido de operar primordialmente no seu excepcional, porque é aí que sua ambição com propósito prospera. Quando trabalha na zona excepcional, você usa muito menos energia física e mental, e aquilo com que contribuiu supera em muito aquilo com que outros poderiam contribuir. Em resumo, quando oferece o que há de melhor em você, aquilo de que é capaz se expande exponencialmente. E, quando oferece aquilo que há de melhor em você, isso não é bom apenas no âmbito individual, mas também para o mundo. (Lembre-se da definição de Jim Rohn de ambição no capítulo 1: querer algo a serviço dos outros.)

Outro benefício de reconhecer suas habilidades excepcionais é se afastar da mentalidade de escassez. Quando acreditamos que a genialidade é reservada aos poucos eleitos, lutamos para competir e ser vistos. No entanto, quando percebemos que todos contamos com habilidades únicas e excepcionais, dignas de ser compartilhadas, fica claro que não se trata de uma competição; estamos todos a serviço uns dos outros, e ninguém está acima ou abaixo de ninguém. Trata-se de um conceito libertador.

Agora vamos explorar cada um dos Três Es em profundidade, começando pela zona elementar e avançando até a excepcional. Como em todos os exercícios que apresentamos ao longo do livro, procure fazê-lo com uma postura de curiosidade e autocompaixão, nunca de julgamento.

A ZONA ELEMENTAR

Essa zona reúne as áreas em que somos medianos. Somos capazes de realizar esse tipo de trabalho, porém passamos longe da excelência e da excepcionalidade. Nosso desempenho é equivalente ao de nossos pares, talvez até um pouco abaixo, e ainda precisamos dedicar muito esforço e muita energia para consegui-lo. Essa costuma ser uma das zonas mais fáceis de identificar — assim que abrimos mão do conceito egocêntrico de que precisamos ser bons em tudo. No entanto, perceber nossas habilidades elementares não deve envolver julgamento. É uma questão de reconhecer aquilo para que nosso cérebro não foi feito.

Lamentavelmente muitos de nós passam a vida trabalhando na zona elementar e se sentem mal por isso. Alguns exemplos de coisas que caem na minha zona elementar são: tarefas administrativas, desenvolvimento de sites e programação — meu cérebro quase funde quando exerço essas habilidades. Eu costumava gastar energia demais com essas tarefas, e energia de menos em áreas nas quais eu podia ter um impacto maior e naquelas em que via mais sentido — incluindo o coaching. Historicamente grupos marginalizados são forçados a passar mais tempo em sua zona elementar porque ouviram ao longo de séculos que não eram geniais. Isso cria uma dissonância interna, que nos leva a ter um desempenho abaixo de nossa capacidade. Sabemos que podemos fazer mais, porém a estrutura do mundo procura nos manter dentro de uma caixinha.

Ben, uma pessoa que me procurou e hoje é diretore de criação de uma agência de publicidade conhecida, é um exemplo disso. Ben começou a carreira como revisore e me disse que se sentia "idiota" porque com frequência deixava passar erros bobos no texto. No entanto, não era nem um pouco idiota — Ben claramente trabalhava em um espaço que não era para elu, o que não significa que não tinha genialidade. Ben acabou se reconhecendo como uma pessoa incrivelmente visionária, que pensava no quadro geral e era capaz de olhar para uma marca e definir como revitalizá-la contando uma história visual. Ao fim, Ben admitiu que era "ruim" na revisão de textos e lhe faltava a atenção aos detalhes exigida pelo trabalho. Quando fez uma transição do antigo cargo para o design, tudo mudou — e elu ficou muito mais feliz em seu novo papel, o qual finalmente lhe permitia usar sua genialidade.

Agora vamos usar as perguntas a seguir para esclarecer suas habilidades elementares. O objetivo é listá-las e, com o tempo, pensar em uma maneira de se afastar dessas áreas e se concentrar em usar seus dons excepcionais para fazer uma contribuição mais relevante. Todos temos maneiras de contribuir com o mundo, e deveria ser libertador e motivo de alegria desapegar do que não é para nós. É através dessa contribuição com propósito que criamos uma relação mais harmoniosa com nossa ambição.

EXERCÍCIO

IDENTIFIQUE SUAS HABILIDADES ELEMENTARES

1. Em que áreas você se considera mediano, enquanto outros se saem melhor?
2. Que áreas seu cérebro tem dificuldade de compreender, talvez porque não foi projetado para elas?
3. Onde você gasta bastante tempo e energia para alcançar resultados medianos?
4. Volte a um momento em que você dedicava horas a tentar entender alguma coisa sem sucesso. O que estava fazendo?

A ZONA EXCELENTE

Diferentemente da zona elementar, quando estamos na zona excelente operamos bem acima da média. Na verdade, somos bons em uma coisa e provavelmente passamos bastante tempo e energia refinando nossas habilidades relacionadas a ela. Talvez a tenhamos estudado ou passado a maior parte da carreira desenvolvendo essa competência. No entanto, ela ainda nos consome muito tempo e energia, e isso apenas para chegar a certo nível de excelência. Isso pode até mesmo nos levar à beira do *burnout*.

A diferença entre excelência e genialidade é: enquanto a genialidade é inata, a excelência exige bastante de nós, porque não envolve um dom. Por exemplo, considero escrever algo que se encontra na minha zona de excelência. Passei muito tempo cultivando minhas habilidades de escrita, desde o ensino médio até meu trabalho de conclusão de curso na universidade, além da escrita cotidiana que minha atividade envolve. No entanto, para que eu produza um trabalho excelente nessa área, preciso dedicar muito tempo e energia. Preciso escrever e reescrever, moldando e lapidando, como uma escultura. Minha editora, por outro lado, é excepcional nisso. Ela é autora de cinco livros, e seu tom fica evidente em tudo o que escreve, de mensagens de texto a comentários no Word. Minha editora é capaz de pegar um texto e apontar onde ele precisa ser desenvolvido em pouquíssimos minutos. Esse é seu dom.

Infelizmente a maior parte de nós passa a vida na zona de excelência, e não na zona excepcional, porque, de muitas maneiras, isso é mais fácil. A força para se manter na zona de excelência é poderosa; é nela que nosso desejo de conforto nos mantém ancorados. Nossos parentes, amigos e ambientes de trabalho preferem que operemos nessa zona, porque se beneficiam enormemente disso. Quando ocupa esse lugar, você é confiável e entrega de maneira consistente tudo o que aqueles a sua volta precisam para operar em *sua própria* genialidade.

Se você decide deixar a zona de excelência, lamentavelmente algumas pessoas se sentirão afrontadas por seu crescimento, pela forma como isso as impactará. Quando decidi abandonar minha carreira no marketing, na qual tinha um desempenho excelente, mas que me exauria, ouvi muitos comentários a respeito — nem sempre favoráveis. Um dos últimos projetos de marketing em que trabalhei foi de uma start-up. Depois que informei ao fundador que não faria mais aquilo — com meses de antecedência, oferecendo-me para fazer a transição mais suave possível —, ele nunca mais falou comigo. Minha excelência apoiava a genialidade dele. Ele ficou tão bravo e se sentiu tão abandonado que fiquei tentada a deixar minha genialidade morrer para não o decepcionar.

O problema em se manter na zona de excelência é que isso nos afasta das partes mais verdadeiras de nós. Na realidade, a maioria dos clientes me procura quando está se saindo bem profissionalmente, porém em algum lugar de si há uma desconexão tão grande da própria verdade que a vida chega a parecer meio sem sentido. Eles não se sentem inteiramente vivos. Mais ainda: ter que se esforçar tanto para ser excelente em algo fomenta a ambição centrada na dor e prejudica no longo prazo. Ficar na zona da excelência também é o que muitas vezes nos mantém em um lugar muito competitivo, sustentando um desejo forte de "vencer". Isso alimenta a competição onde ela nem precisaria existir. Todos nós podemos operar a partir de nossos dons lado a lado, para tornar o mundo melhor.

Passar da excelência à genialidade exige sair da zona de conforto ou daquele espaço psicológico seguro onde as coisas nos são familiares, onde nos sentimos confortáveis e onde a responsabilização é baixa. Deixar isso para trás é um desafio assustador para a maioria de nós. No entanto, ficar não nos ajuda a crescer. Para que a zona de excelência ceda espaço para a zona excepcional, o desejo de crescimento e mudança precisa ser maior que o medo de abandonar o conforto. Em geral é essa voz sagrada dentro de nós — que diz que vai definhar e morrer se não permitirmos que se expanda — que faz com que optemos pela mudança, o que em alguns casos nem parece uma escolha. Às vezes somos levados a isso após uma demissão, uma doença, uma escassez de oportunidades ou outro redirecionamento importante.

Sendo clara: não estou pedindo que você abra mão de sua excelência, muito menos da noite para o dia. Isso pode parecer psicologicamente inseguro e induzir ao pânico, porque a maioria de nós se sustentou financeiramente até agora nessa zona, o que pode sugerir que nossa sobrevivência depende disso. O que devemos fazer é deixar a zona da excelência gradualmente.

BASEADO NO MODELO DE ZONAS DE KARL ROHNKE[2]

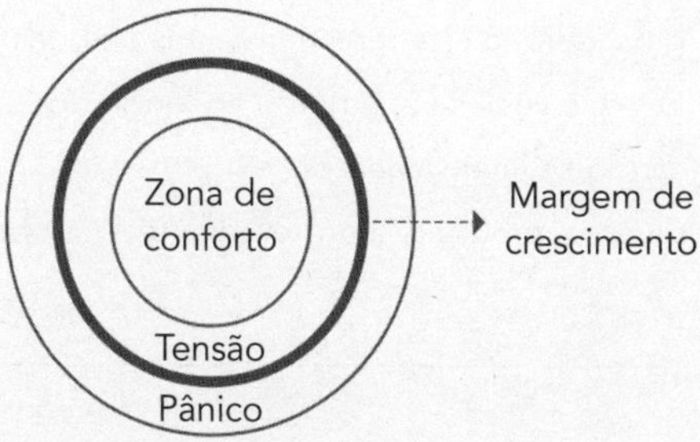

	Segurança psicológica	Responsabilidade
Conforto	Alta	Baixa
Tensão	Alta	Alta
Pânico	Baixa	Alta

Utilize o exercício a seguir para identificar sua zona de excelência. Nas seções que virão, apresentaremos maneiras de acessar cada vez mais suas habilidades excepcionais.

EXERCÍCIO
IDENTIFIQUE SUAS HABILIDADES DE EXCELÊNCIA

1. No que você é realmente bom — depois de estudar ou treinar bastante?
2. Pelo que as pessoas costumam te elogiar? (Nossas habilidades excelentes com frequência nos rendem elogios, porque elas servem a outras pessoas.)
3. Em que você se aprimorou ao longo dos anos, dedicando-se intensamente?
4. Que contribuição sua é excelente, mas exige muito de você?

A ZONA EXCEPCIONAL

Quando estamos na zona excepcional, acessamos nossas habilidades naturais, que nos são inatas. Assim é fácil entrar em fluxo. Você se sente forte, entusiasmado e energizado, como se pudesse continuar fazendo seu trabalho quase sem parar. Você é completamente absorvido e utiliza não apenas suas habilidades, mas todo o espectro de seus dons. Não há ninguém que possa fazer exatamente o que você faz, da maneira como você faz.

A variedade de dons excepcionais é tão ampla quanto única. Eis alguns exemplos das habilidades excepcionais de clientes meus — e verifique se consegue se identificar com alguma delas:

- Facilitar grupos
- Ler ambientes
- Dar palestras
- Vender programas
- Escrever e gravar meditações guiadas
- Conectar-se com as pessoas
- Identificar o que as pessoas têm de bom
- Sintetizar ideias complexas
- Escrever
- Pesquisar
- Supervisionar operações
- Negociar
- Ser a voz da razão
- Fazer marketing
- Liderar com empatia
- Diagnosticar pacientes
- Criar intimidade
- Projetar espaços acolhedores
- Cultivar talentos
- Expor ideias
- Gerenciar projetos
- Estabelecer confiança

Os dons podem ser uma mistura de habilidades técnicas (habilidades específicas, possíveis de ser aprendidas e demonstradas de maneira mensurável) e habilidades de poder (antes conhecidas como "habilidades comportamentais", qualidades que apoiam a consciência situacional e melhoram nosso desempenho, o que muitas vezes é sinônimo de inteligência emocional). É claro que o que é excepcional para alguns pode ser elementar para outros.

Na filosofia da ioga, acredita-se que o dom muitas vezes está relacionado a uma ferida. Como Stephen Cope diz: "Eles nasceram juntos, tal qual gêmeos. Isso significa que muitos de nós devem descobrir o próprio dom no cerne do sofrimento, das dificuldades, dos conflitos. As tradições contemplativas orientais têm uma maneira poética de se referir a isso: nosso dom é como uma lótus que brota na lama".[3]

Se não fosse por minhas descidas ao fundo do poço, eu nunca teria encontrado meus maiores dons. Anos atrás, quando ainda trabalhava com marketing e procurava um emprego, fiz umas vinte entrevistas sem que as coisas se alinhassem. Recebi algumas propostas, mas não eram boas. Em um punhado de oportunidades interessantes fui a segunda escolha, e algumas experiências foram simplesmente dolorosas e humilhantes. Na época eu morava em Manhattan, na rua 34, bem perto do East River. Toda manhã olhava esperançosa para a água enquanto vestia meu terninho para depois ir a alguma entrevista, torcendo para que uma corresse bem e eu recebesse uma proposta fantástica. Toda noite, após um dia de conversas bastante esquisitas, eu me sentava à janela que dava para aquele rio tão bonito e me matava de chorar. Soluçando, confusa, com lágrimas salgadas rolando pelo blazer, eu implorava a Deus que me salvasse. Não fazia ideia do motivo pelo qual aquele momento estava sendo tão desafiador. Uma parte de mim sentia que eu estava fazendo tudo errado. Lembro que um dia, depois de outra entrevista decepcionante, eu disse brincando à amiga com quem morava, Victoria: “Talvez seja isso que eu deva fazer”. Tornar as mudanças de carreira menos horrorosas de alguma maneira. Eu não fazia ideia de como botar isso em prática, porém havia uma dose de verdade em minhas palavras. A questão é: se eu não tivesse conhecido o sofrimento profundo daquele momento, nunca teria acessado minhas habilidades mais verdadeiras e inatas — aquelas que me trouxeram até aqui.

Muito embora esses dons (que com frequência brotam da lama) sejam inatos, às vezes há certa confusão quanto a termos ou não que desenvolvê-los. Então quero deixar isto bem claro: dons precisam ser aprimorados. Uma criança pode nascer com uma aptidão natural para a música; no entanto, a menos que aperfeiçoe perpetuamente esse dom, ficará aquém da maestria. Posso ser uma coach talentosa, mas não paro aí: continuo desenvolvendo minhas habilidades e adquirindo novas para me aprofundar nessa área.

Dito isso, é um privilégio poder viver nessa zona o dia todo, todos os dias. Na verdade não conheço ninguém que o faça. A maior parte de nós não vai de zero a cem da noite para o dia, porque o lugar onde trabalhamos e a estrutura de nossa vida simplesmente não permitem. O objetivo é se aproximar o máximo possível de suas habilidades excepcionais diariamente, para sentir mais contentamento e realização. Uma maneira de fazer isso, como Gay Hendricks sugere em *The Big Leap*, é passando dez minutos por dia sem interrupção em sua genialidade. Você pode fazer isso escrevendo um diário, começando a pintar ou oferecendo sessões de dez minutos com seu dom. Depois que isso se tornar rotina, aumente para quinze minutos. Uma hora, com o tempo, o equilíbrio pode mudar, e podemos passar a maior parte do nosso dia fazendo aquilo em que nos saímos melhor. À medida que passar mais tempo em sua genialidade, você pode considerar uma mudança de emprego ou passar a fazer algo completamente diferente. Como mencionei, fazer isso da noite para o dia nem sempre parece seguro. Então você pode começar com um trabalho voluntário na sua zona. Depois que criar confiança, talvez possa arranjar um bico. A cada minuto a mais nessa zona você se fortalece, até que esteja passando a maior parte dos seus dias nela.

Enquanto pensa em abrir mão do que não serve a você nem aos outros, para então incorporar o que serve, quero que reflita profundamente sobre como sua família, sua comunidade e o mundo mudarão em consequência dessa mudança. Isso não é apenas por você (e, se fosse, já seria motivo o bastante); é por todos que foram oprimidos e tiveram que esconder quem realmente são.

E se Serena Williams nunca tivesse posto em prática sua genialidade na quadra de tênis?

E se Betty White nunca tivesse expressado seu talento para a comédia?

E se Beyoncé nunca tivesse pegado um microfone e tocado nosso coração e nossa alma com sua música?

E se Fred Rogers nunca tivesse compartilhado sua paixão pela conexão com as crianças?

Viveríamos em um mundo muito diferente, meus amigos. Quando você liberta sua ambição, permite que os outros façam o mesmo.

EXERCÍCIO

IDENTIFIQUE SUAS HABILIDADES EXCEPCIONAIS

1. Quando você se sente mais vivo e energizado? O que está fazendo ou compartilhando? Como está se apresentando? Como está se sentindo?
2. Quando você se pega em fluxo? Quando perde a noção do tempo, de tão imerso no que faz, a ponto de se deixar levar por essa atividade?
3. Quando você começa em um trabalho novo ou se junta a um grupo social, que contribuição única você dá (alguma coisa que ninguém fazia antes)?
4. As pessoas procuram você principalmente para quê?
5. Em que momentos você se surpreendeu com sua capacidade de atingir outro patamar ou de resolver um desafio único com facilidade e elegância?
6. Se você não sabe, pergunte para dois a cinco amigos que realmente te enxergam quais são seus dons. (A chave aqui é escolher amigos que realmente vejam você. Com frequência, quando perguntamos isso a uma pessoa, ela se projeta em nós, então considero melhor primeiro olhar para dentro de nós mesmos.)

IDENTIFICANDO SEUS DONS COM MAIOR RETORNO

Neste momento espero que você já tenha uma ideia melhor de seus dons excepcionais e de suas habilidades que não estão a essa altura. Saber isso pode ajudar a apontar para a expressão do seu propósito e mostrar como você quer passar seu tempo aqui na Terra de maneira a se sentir mais pleno. Agora vamos falar em termos do que gostamos e do que não gostamos de fazer. Afinal, não é porque somos *bons* em algo que *gostamos* de fazer essa coisa. As habilidades em que somos excepcionais e que nos agradam são nossa contribuição com maior retorno e é com elas que podemos fazer mais diferença. Tendo isso em vista, podemos repensar nossos dias e semanas para aproveitar melhor nossa genialidade.

Na figura a seguir, separe suas habilidades entre aquelas de que você gosta e aquelas de que não gosta. Dividi-las entre as três zonas pode te ajudar a enxergar melhor o quadro geral.

	Elementar	Excelente	Excepcional
Gosto			
Não gosto			

Agora que sabemos onde nossa genialidade se encontra e onde não se encontra, a ideia é organizar nosso trabalho a partir de nossos dons mais impactantes. Às vezes pode parecer impossível — vivi isso na prática. A ideia é começar com um pequeno passo e evoluir diariamente a partir daí. Vamos dizer que você seja vice-presidente de vendas em uma grande organização, e sua habilidade excepcional seja se conectar com as pessoas. Através do exercício, no entanto, você se dá conta de que passa a maior parte do tempo fazendo planejamento estratégico, algo que se mantém na zona excelente no seu caso. Eu convidaria você a listar formas de passar mais tempo em contato com as pessoas, ao mesmo tempo que treina alguém de sua equipe para assumir uma parte do planejamento estratégico. Então eu sugeriria que você abrisse sua agenda e reservasse dez minutos por dia ao longo das próximas semanas para se conectar com as pessoas.

EXERCÍCIO
APROXIME-SE DE SUAS HABILIDADES EXCEPCIONAIS

1. Quando você olha para sua agenda, onde ou com o que você passa a maior parte do tempo? Isso se alinha com suas habilidades excepcionais ou com suas habilidades excelentes?
2. O que mais consome seu tempo e sua energia e impede você de se manter em suas habilidades excepcionais ou excelentes?
3. Quais itens da sua lista se encontram em sua zona elementar? Quais você não gosta de fazer? Como eles poderiam ser abordados de outra maneira?
4. Escolha três habilidades excepcionais que você quer desenvolver ainda mais. Monte um plano para se aprofundar nelas nos próximos noventa dias. Como você pode começar a botá-lo em prática com apenas dez minutos por dia, para depois expandir esse tempo?

Quando convido clientes a identificar e se apropriar de sua genialidade, muitas vezes ouço: “Mas tem tantas pessoas capazes de liderar/sintetizar ideias/tocar violoncelo/fazer isso. Como meu dom pode ser especial?”. Em primeiro lugar: ele é *muito* especial. Em segundo lugar: seu dom inato se torna ainda mais rico e tem o alcance ampliado quando somado com seus outros dons, ou quando você os combina.

Minha cliente Reema é o exemplo perfeito de pessoa que potencializa sua genialidade. Ela era formada em enfermagem e uma virtuose do design de interiores. Uma de suas habilidades excepcionais era criar espaços acolhedores, o que já fazia como profissional da saúde e continuou fazendo como designer de interiores. Mas não parou por aí — e é aqui que a magia acontece. Reema também tinha dons *energéticos*. Ela tinha afinidade com reiki, astrologia e feng shui, e somava todos os seus dons para oferecer o que chamava de Método Júpiter.

O Método Júpiter era diferente de tudo o que se tinha ouvido. Reema lia seu mapa astral junto com o da sua família, depois usava o feng shui e a arte do design de interiores para criar espaços com o intuito de atingir seu potencial máximo. Aliando todas as suas formas de genialidade Reema podia oferecer algo completamente novo e empolgante, que servia às pessoas de uma maneira que nada mais fazia ou poderia fazer. Somar nossos dons muda o jogo, porque não há concorrência quando somos completamente nós mesmos.

Nesse sentido, quero que você pense além das habilidades tangíveis do veículo e do contexto. Talvez você seja um astrólogo excepcional e sempre tenha feito leituras pelo telefone. Tudo bem, mas muita gente faz isso. Talvez outro de seus dons seja criar eventos experienciais que ajudam as pessoas a se transformar, e um terceiro seja sua capacidade de contar histórias. Somando esses três dons é possível criar uma série de experiências imersivas, pensadas em torno de eventos astrológicos, que contam a história da época em que vivemos. Viu como as coisas se tornaram um pouco mais interessantes e ganharam camadas? Quando somamos todas as partes maravilhosas que nos constituem, criamos mais dimensão.

No processo de somar dons, recorrer a nossa experiência também ajuda. Mencionei anteriormente que os dons muitas vezes se relacionam com feridas, e os desafios que enfrentamos podem nos ajudar a descobrir nossos dons. Se eu não tivesse ficado doente, por exemplo, provavelmente não teria um currículo que honra o corpo, o coração, a mente e a carreira das pessoas. Pense em como sua experiência única te ensinou certas lições que podem não ser tão óbvias e em como você pode combinar essas lições com sua genialidade para criar algo transformador. Você provavelmente já está somando ferramentas e métodos em sua vida. Uma vida marcada pela ambição com propósito é aquela em que permitimos que todos os nossos dons se pronunciem.

EXERCÍCIO

SOME SEUS DONS

1. Que formas suas de genialidade você mais gosta de compartilhar e expressar?
2. Como você pode aliar essas formas de genialidade para criar algo que é uma expressão única de si?
3. O que sua experiência lhe ensinou que os outros talvez ainda não saibam? Como você pode aliar isso a sua genialidade?

4. Que coisas os outros não estão aliando e que se somam naturalmente em sua vida?
5. Que veículos ou contextos únicos você pode criar para potencializar sua genialidade de maneira própria?

DEMOCRATIZANDO A GENIALIDADE

Infelizmente nem todos sentem que têm permissão para reivindicar sua genialidade, porque por milênios nos venderam uma história sobre quem pode ser genial e quem não pode. Por exemplo, os participantes de um estudo de 2018 da Pew Research consideraram "poder", "liderança" e "ambição" mais positivos nos homens que nas mulheres, enquanto "compaixão" e "cuidado" eram considerados traços positivos nas mulheres e negativos nos homens.[4] E uma análise das avaliações de professores no site RateMyProfessor.com apontou que professores negros e professoras têm uma probabilidade menor de ser considerados "gênios" que seus pares homens e brancos.[5] Não é à toa que deixamos de lado alguns dos nossos dons — como sociedade, ouvimos que certos atributos só importam quando incorporados pela pessoa "certa", ou seja o homem branco. Como resultado, muitos de nós vivenciam uma completa falta de conexão e pertencimento em relação ao trabalho, e questionamos nosso direito de ocupar espaço. Acaba nos faltando a confiança necessária para expressar nossa genialidade — o que pode ser como nadar contra a corrente. (E que, mais uma vez, leva à armadilha da ambição sem propósito.)

Isso não ocorre apenas no âmbito individual — está presente na cultura como um todo. Vamos pegar o exemplo de Zaha Hadid, famosa arquiteta iraquiana, já falecida, que ficou conhecida como "a rainha da curva" por seus designs futurísticos (que por um longo tempo foram considerados "impossíveis de construir" porque os engenheiros não conseguiam acompanhar a visão dela). Em 2004, Hadid se tornou a *primeira* mulher a receber o cobiçado Prêmio Pritzker, entregue a arquitetos por sua contribuição e suas conquistas na área. Desde então cinco outras arquitetas receberam essa honraria. No entanto, a cobertura da escolha do nome de Hadid ficou distante da celebração. A mídia a tachou de "diva", no sentido negativo, e chegou a tentar explicar seu comportamento usando a psicanálise. Um artigo do *New York Times* afirmava: "Foi só recentemente que clientes se mostraram dispostos a fazer vista grossa para a reputação da srta. Hadid de ser 'difícil'".[6] Como vemos muitas vezes em relação a mulheres racializadas ambiciosas, ela foi alçada e derrubada ao mesmo tempo.

Até mesmo a maneira como definimos a genialidade é enviesada. Alguns anos atrás, em uma oficina, eu falava sobre "genialidade", "brilhantismo" e "dons" como sinônimos (e faço o mesmo ao longo deste livro), quando uma participante levantou a mão. "Mas a genialidade é diferente, porque pode ser medida", comentou. A maior parte de nós foi levada a acreditar nisso — é para isso que os testes de QI servem, não é? Mas os testes de QI, e os testes padronizados de modo geral, dependem da ideia de que a genialidade é uma variável numérica objetiva. Mais que isso: ser visto como brilhante por nossos professores depende dos vieses destes relacionados a raça e cultura. (Lamentavelmente os dados apontam preconceito implícito por parte dos professores em relação a alunos racializados.)[7] O que sabemos é que, mais que inteligência, os testes de QI medem a motivação dos alunos ao fazê-lo.[8] Portanto, não há um padrão universal para medir a genialidade.

Infelizmente não são apenas aqueles com identidades dominantes que perpetuam a mensagem de que a genialidade é reservada aos poucos eleitos. No patriarcado até mesmo as mulheres acreditam nisso. Em um estudo de 2015 sobre atitudes contraditórias, 87% das participantes mulheres responderam que gênios tendem a ser homens.[9] Outros estudos demonstraram que "a percepção de brilhantismo dentro do próprio gênero por meninas era menor que a dos meninos".[10] E essas ideias não são de agora. Na verdade, desde a Grécia Antiga a genialidade foi associada ao homem. Os livros de história e literatura afirmam que todo tipo de homem pode ser um gênio, porém, de acordo com Christine Battersby, autora de *Gender and Genius* [Gênero e genialidade], é sempre "um 'herói', e nunca uma heroína".[11]

O que tudo isso permite é criar uma sensação de escassez que nos faz acreditar que apenas algumas pessoas podem exercer sua genialidade, de modo que trabalhamos mais e mais para provar que somos dignos. Esse tipo de abordagem tem amplas repercussões na cultura do trabalho, incluindo dar visibilidade ao "visionário tóxico" — um líder tão reverenciado por sua genialidade que permitimos que o modo prejudicial com que trata os outros, muitas vezes os desumanizando, passe batido.

Por exemplo, quando eu estava escrevendo este livro, a imprensa cobria o infame escândalo FXT. Essa foi uma das maiores corretoras de criptomoedas do mundo, fundada por Sam Bankman-Fried — aclamado como "o menino-prodígio das criptomoedas" por ter criado uma das maiores bolsas de criptomoedas do mundo e enriquecido mais rápido que quase qualquer outra pessoa na história.[12] Descobriu-se que, em uma reunião com uma empresa de capital de risco, Bankman-Fried fora pego jogando *League of Legends*, porém supostamente estavam todos tão impressionados com ele e sua irreverência que o financiamento buscado fora obtido.[13] Você consegue imaginar uma mulher ou uma pessoa racializada se comportamento da mesma maneira impertinente e se safando? Até que Bankman-Fried acabou sendo preso por fraude. Sua empresa crescera negociando opções de risco que não eram legais nos Estados Unidos, e, embora constituísse um império global de 32 bilhões de dólares, acabou implodindo e pedindo falência.

Os traços de visionários tóxicos apoiados por organizações poderosas só tornam uma relação saudável com a ambição mais desafiadora para o restante de nós. Se honrarmos a verdade de que somos todos gênios, aqueles que abusam desse poder perdem a habilidade de usá-lo para esconder tais ofensas. É por isso que descobrir seus dons é uma das maneiras mais rápidas de se alinhar com a ambição com propósito. Quando democratizamos a genialidade nos lembrando de que todos temos a nossa, destruímos o mito da hierarquia. Alguns de nós fomos criados com a crença de que ter certo dom nos torna melhor que outros. Em algumas famílias ser bom em matemática é melhor que ser bom em escrever, ou ser professor é melhor que ter um negócio. Nenhuma dessas afirmações é uma verdade universal. Ter um dom é algo mágico. E, quando cada um se lembra do seu, não competimos para ser os melhores com base na medida arbitrária de outra pessoa. Nós nos deleitamos na glória de nossa própria contribuição e na interdependência em relação aos demais. É isso que significa vivermos juntos uma ambição com propósito. Não há competição quando todos ocupamos inteiramente nossos verdadeiros dons.

A CONFIANÇA DE QUE PRECISAMOS

Apropriar-se de sua genialidade e vivê-la exige certo nível de confiança. Você pode ser um escritor excepcional, mas começar um Substack ainda pode te parecer desafiador, porque compartilhar seu trabalho de maneira tão pública abriria as portas para críticas (fora que a princípio você pode não saber como ganhar dinheiro com isso). Ou então você pode decepcionar algumas pessoas ao se demitir do trabalho para apostar em si mesmo e no negócio que sempre quis abrir. Por sorte, habitar nossa genialidade também aumenta nossa confiança. Assim como acontece na musculação, a cada repetição ficamos mais fortes.

Então como aumentamos nossa confiança o bastante para desfrutar de nossas habilidades excepcionais? Gosto muito do conselho da autora, educadora e ativista Brittany Packnett Cunningham. De acordo com ela, a confiança exige três aspectos: *permissão*, *comunidade* e *curiosidade*. Nossa confiança precisa de permissão para existir. A comunidade é o lugar mais seguro para desenvolver confiança, e a curiosidade a sustenta, ao nos convidar a continuar aprendendo e explorando.[14]

Concordo cem por cento. Se buscarmos confiança nos espaços onde não temos permissão para tal, desistiremos antes mesmo de começar. No entanto, se explorarmos os Três Es em comunidade e através da lente da curiosidade, abriremos espaço para aprender, brincar e experimentar, como quando éramos crianças. Por exemplo, quando meus clientes tentam avaliar a dimensão de suas habilidades excepcionais, eu os convido a compartilhar seus dons em espaços comunitários seguros. Você pode ter um grupo de amigos com quem treinar o que aprendeu na ioga. Ou talvez possa dar uma palestra para as pessoas com quem medita antes de apresentar uma proposta para o TED.

Ou, como eu, você pode se voluntariar para servir de coach para ex-colegas que te conhecem, gostam e confiam em você, o que torna o feedback mais seguro. Onde estão suas comunidades e como você pode treinar seus dons com elas?

Nossa confiança, nossas contribuições e nossa ambição têm um alcance muito maior quando acessamos todos os nossos dons. Reivindicar as habilidades excepcionais e nos apropriar delas permite que nos expressemos mais plenamente e, assim, tenhamos maior impacto. As possibilidades se tornam ilimitadas. No entanto, precisamos honrar nossas necessidades, e em seguida vamos mergulhar de cabeça nelas.

RESUMO DO CAPÍTULO

- Todos temos habilidades excepcionais à espera de extravasar. A ideia de que a genialidade se restringe a alguns poucos eleitos ou de que se trata de um valor singular é um mito do patriarcado.
- Aceite o que vem mais naturalmente a você. Sei que temos o impulso de diminuir a importância dessas áreas, mas aí está nossa magia.
- Utilize os Três Es e descubra quais são suas habilidades elementares, excelentes e excepcionais, depois organize seu trabalho a partir de seus dons. Comece dedicando dez minutos por dia a seus dons, depois veja o que acontece.
- Acessar sua genialidade com mais frequência exige segurança psicológica e confiança. Não costuma acontecer da noite para o dia, embora possa ser o caso. Aumente sua confiança em comunidade.
- Some seus diferentes dons para criar uma forma única de expressão.

---

6. Atenda suas necessidades

Você não precisa conquistar o
direito de ter uma necessidade.

Kate Northrup[1]

É impossível ter um bom relacionamento com a ambição e viver nosso propósito quando nossas necessidades não estão sendo atendidas. Para a maioria de nós, especialmente aqueles que fazem parte de grupos historicamente excluídos, honrar as próprias necessidades pode parecer um conceito estranho. Ensinaram que devemos ser sempre os últimos, que nossas necessidades são menos importantes. No entanto, como se costuma dizer, precisamos primeiro botar a máscara de oxigênio em nós mesmos. E, de qualquer maneira, ninguém precisa conquistar a prerrogativa de ter suas necessidades atendidas. Trata-se de um direito universal.

Meu cliente Rayyan aprendeu isso da maneira mais difícil. Ele trabalhava no RH de uma das maiores empresas de comunicação do mundo e era responsável por garantir que os grupos de funcionários recebessem financiamento e apoio adequado para suas iniciativas. Como um imigrante racializado e neurodivergente, Rayyan considerava seu trabalho profundamente significativo. No entanto, as demandas emocionais envolvidas logo começaram a cobrar seu preço.

Rayyan rapidamente se deu conta de que nem todos os grupos recebiam financiamento na mesma medida, o que só perpetuava as desigualdades na empresa. As pessoas viviam procurando-o para desabafar, em busca de apoio emocional. Ele se sentia entre a cruz e a espada: defendia aqueles grupos, porém não conseguia obter o que precisavam, e tinha de lidar com as consequências. Então Rayyan se tornou responsável também pelo gerenciamento de crise na empresa. Somando tudo, trabalhava mais de doze horas por dia, sendo que era pai de duas crianças pequenas.

Quando Rayyan me procurou estava muito abatido e prestes a conseguir uma licença médica para cuidar de sua saúde mental. Embora tenhamos falado sobre o que podia ser mudado em seu trabalho, a grande pergunta era: o que o impedia de cuidar direito de si mesmo? Porque, após dez minutos de conversa, ficou claro que ele não estava se cuidando. Ele parara de escrever, algo que amava. Era raro que conseguisse reservar um tempo para fazer ioga, sua maneira preferida de se movimentar. Acima de tudo Rayyan se sentia culpado por precisar de um tempo para si, o que sobrecarregaria ainda mais sua companheira.

Somos seres humanos, e não fazedores humanos. Não fomos projetados para estar sempre em movimento. Precisamos de tempo, energia e recursos para poder desacelerar e nos reabastecer. Como uma de minhas professoras, Rha Goddess, diz: “O autossacrifício não é uma contribuição”. Na verdade, costuma ser um sinal de codependência — e um caminho quase certo para o esgotamento.

Infelizmente muitos de nós sentem que não têm permissão para cuidar de si mesmos, ou nem sabem como fazê-lo. O primeiro passo é descobrir a altura de nossa linha do ressentimento.

VIVENDO ACIMA DA LINHA DO RESSENTIMENTO

Quem primeiro ouvi falando sobre a linha do ressentimento foi Danielle Cohen, uma colega coach. A maior parte de nós fica ressentido quando uma linha em nossa mente é ultrapassada. Para alguns isso acontece quando o cliente paga de menos e pede demais. Ou quando o trabalho nos afasta mais da família do que gostaríamos. O problema é que é comum não deixarmos essa linha clara — o que faz com que ela seja ultrapassada o dia todo, todos os dias, levando à amargura, raiva e exaustão. Porém não temos como indicar aos outros onde está nossa linha do ressentimento sem ter conhecimento disso.

Para honrar nossas necessidades, precisamos ser claros quanto aos nossos limites. Se não tivermos essa consciência, passaremos a vida toda na ambição centrada na dor, extenuando o corpo e permitindo que o medo e a raiva nos guiem. Da mãe que se doa demais aos filhos ao prestador de serviço que cobra muito pouco, passando pelo gerente que passa horas demais treinando seus subordinados diretos e horas de menos desenvolvendo as próprias habilidades, todos precisamos conhecer intimamente nossos limites.

Por exemplo, quando minha cliente Nora, uma executiva brilhante da indústria farmacêutica, abriu seu próprio negócio depois de trabalhar para empresas de muito prestígio — porém tóxicas — de todo o país, ela vivia bem abaixo da linha do ressentimento, e me pediu ajuda. Ao explorar o que ela oferecia e o preço que cobrava, percebi que Nora queria começar a oferecer seu produto por um valor baixo, considerando sua experiência. Depois de ajudá-la um pouco com isso, decidimos que Nora manteria aqueles valores até conseguir seu primeiro cliente, então aumentaria os preços no mês seguinte, para que ficassem à altura do oferecido. No entanto, quando o próximo mês chegou, ela manteve os valores baixos.

Logo ela estava cheia de trabalho, mas não de dinheiro. Como não podia se dar ao luxo de contratar alguém para ajudá-la, Nora tinha que fazer tudo sozinha. Ela trabalhava o dia inteiro, sem intervalos, e começou a se sentir bastante amarga. Quando liguei, notei que ela parecia derrotada e exausta. Perguntei o que estava acontecendo, e Nora me contou de sua irritação com os clientes. Ela disse que eles pediam demais, e suas expectativas eram bastante desequilibradas. Retornei à pergunta que havia feito lá atrás: "Nora, você estabeleceu o preço abaixo da sua linha do ressentimento?".

Até aquele momento a linha do ressentimento não passava de um constructo para ela. No entanto, após alguns meses trabalhando naquele ritmo, ela não estava satisfeita com a vida. Juntas repensamos seus valores para que ela vivesse acima da linhazinha traiçoeira. Com a mudança, Nora pôde contratar alguém e voltou a ter os fins de semana de folga para ficar com o filho.

Às vezes operamos abaixo da linha do ressentimento — trabalhando mais, não cobrando o suficiente ou indo além de nossa capacidade — porque queremos agradar às pessoas, ou pelo menos não as irritar, ou porque sentimos que deveríamos estar fazendo um favor a elas. No entanto, viver abaixo da linha não é bom para ninguém. Se você aparece para trabalhar sempre de mau humor, aflito com o peso daquilo com que concordou relutantemente, todos sentirão isso e ninguém se beneficiará — muito menos você. Quando vivemos acima da linha do ressentimento, todos ganham.

Então como se certificar de que você está vivendo acima dessa linha espinhosa?

Deixe sua capacidade clara.

Identifique quantas horas por semana você pode trabalhar ou quantos clientes você pode assumir antes de ficar ressentido. Ter essa informação também estipulará seu preço. Queremos somar agilidade a nossa capacidade, porque algumas épocas exigirão mais de nós, e outras, menos.

Estabeleça limites.

Esclareça o que você está disposto a fazer e o que não está, e que exceções abrirá. Talvez você não vá atender ligações aos fins de semana, a não ser em uma emergência.

Faça trocas.

Quando estamos equilibrando pratinhos demais e dizemos sim para uma coisa nova, isso significa que teremos que dizer não a outra coisa. Saiba a troca que vai fazer e a comunique. Por exemplo, se você aceita uma promoção que implicará mais responsabilidades, talvez precise dizer não ao trabalho burocrático.

Certifique-se de que tem apoio.

Pessoas apoiadas podem apoiar outras. Certifique-se de que você está recebendo um pagamento apropriado, dormindo o suficiente e se cuidando. Assim você pode direcionar sua energia para os outros mantendo o bastante para si mesmo.

PRIORIZE SEU BEM-ESTAR

Viver acima dos limites significa abrir espaço e tempo para cuidar de nós mesmos não apenas quando estamos esgotados, mas muito antes de chegarmos a esse ponto. É quase impossível estarmos presentes em nossa integridade se não estivermos sempre cuidando de nós mesmos nas áreas mais importantes para nós. E não estou falando apenas do que comemos ou de como movimentamos nosso corpo (se tivermos esse privilégio), mas das pessoas de quem nos cercamos, de nossa relação com o dinheiro e de muitas outras coisas que constituem o autocuidado. De acordo com Sarah Tacy Tangredi, que treina o corpo e a mente de ex-atletas olímpicos, executivos e líderes, nosso sistema nervoso prospera quando "contamos com mais recursos que demandas". Cuidar de nós mesmos é uma maneira de garantir que tenhamos os recursos necessários para as demandas que poderão vir. Isso nos permite estar um passo à frente do *burnout* e da exaustão, e chegar mais rapidamente ao ponto em que operamos de maneira ótima e *prosperamos*.

No entanto, não podemos falar de autocuidado sem reconhecer seus aspectos classistas. A indústria moderna do autocuidado, que vemos tão amplamente nas redes sociais, tem um componente capitalista, e anuncia hidratantes de 150 dólares, leggings de marcas de grife e banhos de som com curandeiros como pré-requisitos para o bem-estar (reconheço que paguei por tudo isso na minha busca por paz). Grupos historicamente excluídos tendem a ter menos acesso ao descanso, com frequência precisam trabalhar mais e ganham menos dinheiro na média — o que torna o autocuidado, da maneira como as redes sociais o retratam, acessível a alguns poucos eleitos.

Porém, o autocuidado, especialmente no que se refere a grupos marginalizados, nunca foi uma questão do que podemos comprar — e sim do que contribui para a autopreservação e para nossa dignidade. Não estamos cuidando de nós mesmos quando acumulamos uma dívida no cartão de crédito por conta de cremes muito elogiados e aulas que não abordam nossas necessidades internas. Cuidar de nós mesmos começa por dentro, e é algo que acontece tanto no nível individual quanto no comunitário. O autocuidado deve se cruzar com o cuidado coletivo. E porque pessoas racializadas, queer e com deficiência são consistentemente consideradas inferiores a pessoas cis, brancas e sem deficiência, cuidar de nós mesmos constitui um ato radical. O autocuidado que vemos retratado nas redes sociais (porque é externamente focado) alimenta a ambição centrada na dor, enquanto o autocuidado de verdade (porque é orientado para o interior e o coletivo) alimenta a ambição com propósito.

O autocuidado talvez seja ainda mais importante para nós porque em nossa experiência com frequência encontramos mais ventos contrários que favoráveis, o que tem um forte efeito na saúde. Meu pai era cirurgião cardiovascular, e me disse uma vez que acreditava que muitos de seus pacientes racializados ou imigrantes (e ele mesmo) tinham doenças cardíacas como resultado inevitável de décadas sofrendo racismo e xenofobia nos Estados Unidos. Ele não estava errado. O Centro de Controle de Doenças dos Estados Unidos e a Associação Médica Americana classificam discriminação como um risco para a saúde.[2] Sofrer preconceito foi associado a risco de doença cardiovascular elevado entre imigrantes africanos.[3] Precisamos de autocuidado e de cuidado coletivo reais para conseguir mudar essas dinâmicas, pelo menos em parte, e prosperar.

Veremos agora dois passos que podemos dar para fortalecer nossa relação com o autocuidado.

PASSO I: MEÇA COMO VOCÊ ESTÁ SE CUIDANDO (E COMO NÃO ESTÁ)

A maioria de nós não teve suas necessidades atendidas de maneira consistente, e isso pode causar um déficit que impacta nossos relacionamentos e como nos portamos no mundo, de modo que acabamos procurando atender a essas necessidades externamente, através de parcerias e oportunidades de trabalho. Isso se assemelha bastante com a ambição centrada na dor, não acha?

Às vezes não nos cuidamos nos espaços e das maneiras que precisamos porque há uma história ali. Pode ser uma história contada pela sociedade, uma crença da sua linhagem ou algo que você mesmo criou. Talvez você não esteja cuidando de suas finanças porque acredita que alguém vai aparecer para te salvar. Talvez você não esteja comendo direito porque sente que seu corpo precisa ter determinado tamanho para ser digno. É importante ter uma noção do que está atrapalhando sua capacidade de cuidar de si e de honrar suas necessidades para poder tirar isso do caminho. Para estarmos mais presentes em nosso relacionamento com a ambição precisamos praticar o autocuidado, porque se você finalmente conseguir o emprego que queria, mas acabar doente e sem nenhum tempo para si, a sensação não vai ser tão boa.

Quando trabalho com clientes, sempre faço com que eles usem meu "cuidadômetro" para tomar conhecimento das áreas em que estão dando a si os recursos necessários e aquelas em que um reforço se faz necessário. Temos treze áreas a considerar:

1. Tempo
2. Alimentação
3. Comunidade
4. Saúde emocional
5. Dinheiro
6. Movimento
7. Espiritualidade
8. Diversão
9. Trabalho
10. Limites
11. Vida amorosa
12. Vida sexual
13. Relacionamento consigo mesmo

Experimente o exercício a seguir. Escolha as áreas que fazem sentido para você e ignore as que não fazem. Por exemplo, se você é assexual, talvez o tópico de vida sexual não seja tão relevante para você, então pode passar direto por ela, se preferir. Se há uma área que faz sentido no seu caso, mas não foi listada, pode acrescentá-la.

EXERCÍCIO

CUIDADÔMETRO

1 2 3 4 5 6 7 8 9 10

··→

Tempo

Você tem tempo suficiente?

Alimentação

Você tem uma relação saudável com a comida?

Comunidade

Você conta com comunidades que te apoiam nas diferentes áreas da vida?

Saúde emocional

Você se sente equilibrado e apoiado em seu bem-estar emocional?

Dinheiro

Você sente abundância quando se trata de dinheiro?

Movimento

Há uma atividade física que te agrada (por exemplo, fazer musculação, alongamento ou caminhar)?

Espiritualidade

Você tem uma prática espiritual que faz com que se sinta mais conectado?

Relacionamento consigo mesmo

Você tem uma relação de cuidado e apoio consigo mesmo? Seu diálogo interno é saudável?

Diversão

Quanta diversão e leveza você tem na vida?

Trabalho

Seu trabalho realiza você?

Limites

Você estabelece limites saudáveis?

Vida amorosa

Você se sente realizado em sua vida amorosa?

Vida sexual

Você está satisfeito com sua vida sexual?

1. Para cada área do cuidadômetro que considera importante no seu caso, responda à seguinte pergunta: Quão pleno, íntegro e cuidado me sinto nessa área, em uma escala de um a dez?

2. Concentre-se na área em que você se sente menos realizado. O que está acontecendo aí? O que a voz do medo ou da dúvida diz? Há uma história envolvida? Gosto de olhar mais de perto para qualquer área que recebeu seis ou menos.
3. O que impede você de se sentir mais cuidado nessa área? Às vezes isso pode exigir uma mudança de mentalidade. Se for o caso, volte ao capítulo 2 e à ideia de crenças limitantes.
4. O que você precisa fazer para se sentir mais pleno essa área?
5. O que você não pode fazer para se sentir mais pleno essa área? Essa é uma pergunta capciosa, então segue um exemplo: *Para me sentir mais cuidado em meus limites, preciso dizer não a coisas que sinto que sou obrigado a dizer sim.*
6. Agora faça uma lista do que você precisa fazer antes, durante e depois do trabalho para manter o cuidado nessas áreas.
7. Quem vai te cobrar?

PASSO 2: IDENTIFIQUE O IMPRESCINDÍVEL, O PREFERÍVEL E O INADMISSÍVEL

No nível basilar, todos precisamos de comida, abrigo e roupas. Além disso, há requisitos diferentes que, se cumpridos, permitem que estejamos presentes de maneira mais íntegra. Por exemplo, você pode viver em um bairro caro e por isso precisar de um salário alto para prosperar. Se você for um visionário do macro, talvez precise de uma equipe que te ajude a botar microideias em prática. Ou, se você for introvertido, pode precisar de mais tempo sozinho para se regular e se recuperar. Quando identificamos o que importa para nós e agimos com intenção para atender a nossas necessidades, brilhamos em consequência.

Agora é hora de ser realista e claro quanto a suas necessidades. Para cada aspecto do cuidadômetro que faça sentido para você, crie uma lista do que é imprescindível, preferível e inadmissível.

Vamos pegar o trabalho, por exemplo. Para mim o respeito mútuo entre os colegas é imprescindível. O trabalho cara a cara é divertido, mas é apenas preferível. E pedirem que eu faça algo que vai contra meus valores — como colaborar com uma empresa que não está comprometida com a ideia de um ambiente de trabalho equitativo — é inadmissível.

Esse é um dos exercícios mais simples e esclarecedores que faço com os clientes. Ele é tão importante porque muitos membros de grupos historicamente excluídos estão acostumados a não ter suas necessidades atendidas — de segurança a pertencimento, passando por autoestima —, a ponto de não saberem o que estão perdendo. Minha cliente Amber, por exemplo, era uma mãe solo batalhadora, com dois filhos. Ela trabalhava com alocação de recursos, ajudando a montar equipes internas para projetos. Ainda que Amber fosse uma profissional excelente e muito respeitada, o salário e o apoio que recebia deixavam muito a desejar.

HONRANDO NOSSAS NECESSIDADES

Áreas do cuidadômetro em que nos concentramos: ________________.

Imprescindível	Preferível	Inadmissível
•	•	•
•	•	•

Fizemos uma lista com o que era imprescindível para ela, e o resultado foi:

- Salário de 150 mil dólares ao ano;
- Apoio administrativo;
- Jornada de trabalho semanal de quarenta horas;
- Folga nos fins de semana e à noite, a não ser em casos de emergência;
- Clareza quanto ao escopo de trabalho;
- Poder de tomar as próprias decisões;

- Senso de pertencimento;
- Um trabalho que potencialize sua genialidade.

Amber não estava pedindo nada de mais, porém fazia tanto tempo que não tinha essas coisas que não sabia se poderia obtê-las. Com tais recursos, no entanto, ela poderia estar presente em sua melhor versão e contribuir da maneira como queria.

Você merece ter suas necessidades atendidas. Todos merecemos. Quando nossas necessidades são atendidas e não somos motivados por uma ferida aberta, nossa relação com a ambição, nosso esforço e aquilo pelo que nos esforçamos se tornam muito mais intencionais.

PRATIQUE O CUIDADO COLETIVO

O autocuidado por si só não basta, porque não existimos em um vácuo. Nosso bem-estar é uma extensão do bem-estar da comunidade a que pertencemos. Então, para florescer verdadeiramente, precisamos do cuidado comunitário.

Cuidado coletivo é a prática de apoiar ao mesmo tempo a nós mesmos e a comunidade mais ampla. Isso existe em espaços racializados e queer há gerações. O objetivo é que aqueles com poder, privilégios e recursos apoiem aqueles que fazem parte de sua comunidade ou de seu entorno. Um aspecto fundamental do cuidado coletivo é o reconhecimento das inequidades que existem e que com frequência estão ligadas a barreiras sistêmicas — como circunstâncias econômicas, falta de acesso a saúde de qualidade e ambiente físico com problemas — que impactam diretamente o bem-estar individual. Para superar essas barreiras, precisamos aumentar coletivamente o acesso a recursos significativos que afetam a todos na comunidade, em vez de apenas cuidar de nós mesmos como indivíduos.

O desafio é que, nos Estados Unidos, com frequência priorizamos o individualismo ao coletivismo. De acordo com a dra. Tema Okun, ativista, educadora e escritora, esse traço cultural "leva a uma negação tóxica de nossa interdependência essencial e da realidade de que estamos todos literalmente juntos nisso".[4] No entanto, negar nossa interconexão é algo que apenas os membros mais dominantes de uma sociedade podem fazer. O individualismo acredita que o sucesso se baseia apenas no esforço pessoal, ignorando o impacto de fatores sociais como raça, classe e gênero. Ou seja, o individualismo sustenta e perpetua dinâmicas de poder desiguais.

A verdade é que não conquistamos nada sozinhos. Até mesmo nossas práticas de autocuidado são apoiadas por outros, da meditação ensinada por um professor budista à artesã que faz seus sais de banho, passando pelo iogue das citações do seu diário. Não há nada de errado com a interconexão. Somos seres sociais. Precisamos uns dos outros para sobreviver.

Há algumas coisas que podemos fazer para nos envolver com o cuidado coletivo:

Identifique suas comunidades.

Isso pode soar óbvio, porém muitos de nós passaram tanto tempo sozinhos, ou compraram o mito do individualismo de tal maneira, que nos sentimos desconectados de nossas comunidades. Sua comunidade pode ser sua família de origem ou qualquer outra que tenha escolhido. Pode ser conectada pela fé, como na igreja, na mesquita ou no templo. Centros culturais conectados a seu país de origem também podem ser espaços comunitários, assim como a academia, o espaço de coworking, o centro de meditação ou a biblioteca.

Peça ajuda.
Se você se encontra em um momento desafiador, diga a sua comunidade que precisa de recursos, seja transporte para ir e voltar de consultas médicas, apoio administrativo, terapia, ajuda com as refeições ou mesmo para obter itens de cuidado pessoal. Você pode se sentir bastante vulnerável pedindo, mas, como mencionei no capítulo anterior, a comunidade é o lugar mais seguro para experimentar algo novo. Então treine pedir ajuda se necessário.

Deixe claro que você está disponível para ajudar.
Em geral temos medo de pedir ajuda às pessoas porque a maior parte de nós já está equilibrando pratinhos demais. Expresse para sua comunidade que você está disponível para contribuir. Talvez com uma carona até o supermercado, participando de rodas de cura semanais ou simplesmente fazendo companhia. Tenha clareza quanto às maneiras como você pode e ficará feliz em contribuir, e certifique-se de deixar isso claro para o grupo. Você pode até criar uma planilha compartilhada com os demais membros com o que cada um está disposto a oferecer.

CONSIGA O DINHEIRO DE QUE VOCÊ PRECISA (E QUE VOCÊ QUER)

Uma parte importante de honrar nossas necessidades, principalmente como membros de grupos historicamente excluídos, consiste em obter dinheiro o bastante para fazê-

-lo. Nesta seção quero explorar como construir uma relação mais saudável com o dinheiro, para que ela não fomente uma relação negativa com a ambição.

O primeiro passo é reconhecer que o ponto de partida nunca é o mesmo. Há uma desigualdade significativa quando se trata da renda de membros de grupos historicamente excluídos, desde disparidade salarial em termos de raça e gênero até enormes dificuldades enfrentadas por pessoas queer e trans. Para contextualizar isso, vamos considerar alguns dados relativos a pessoas com identidades diferentes (quero enfatizar, no entanto, que não somos monólitos: o intuito da pesquisa é destacar o que descobri que é verdadeiro para muitos de nós):

- Em média, mulheres recebem 83 centavos para cada dólar que os homens ganham.[5]
- Apenas 6% das mulheres têm um rendimento anual na casa dos seis dígitos, em comparação com 13% dos homens.[6]
- Apenas 2% dos negócios com proprietárias mulheres atingem os sete dígitos.[7]
- Startups lideradas por mulheres recebem menos de 3% de financiamento de capital de risco.[8]
- Na média, trabalhadores LGBTQIAPN+ recebem noventa centavos para cada dólar que "trabalhadores típicos" ganham.[9]
- Pessoas LGBTQAPN+ com diploma universitário relatam salários 22% mais baixos dez anos depois da formatura, em comparação com seus pares cis e hétero.[10]
- A taxa de pobreza entre homens trans é de 33,7%; entre mulheres trans é de 29,6%; e entre pessoas com incon-

gruência de gênero é de 23,8%; em comparação, a taxa para homens cis e hétero é de 13,4%, e entre mulheres cis e hétero é de 17,8%.[11]

- O salário médio anual de uma pessoa com deficiência nos Estados Unidos é de 46887 dólares, enquanto o salário médio anual de pessoas sem deficiência é de 55208.[12]
- Quase 26% das pessoas com deficiência nos Estados Unidos vivem na pobreza, em comparação com 11,5% das pessoas sem deficiência.[13]
- A taxa de pobreza entre negros é mais que o dobro daquela entre brancos nos Estados Unidos.[14]
- Famílias brancas detêm 84% da riqueza nos Estados Unidos (ainda que representem 60% da população), enquanto famílias negras detêm 4% da riqueza (ainda que representem 13,4% da população).[15]

A princípio essas estatísticas podem ser desanimadoras. Muitos de nós que vivem essa desigualdade financeira começam a acreditar que nunca conseguiremos o que queremos por causa de quem somos. Muitos não se sentem dignos de ganhar mais, porque nem sempre vimos pessoas como nós ganhando enormes quantias ou desfrutando de posições de poder. Talvez você seja como eu antes, que ganhava muito dinheiro, porém doava tudo, porque não acreditava que o merecia. No entanto, para obter o dinheiro de que precisamos para prosperar — o qual merecemos —, também temos que repensar nossas crenças relacionadas ao que é possível para nós.

Minha cliente Chiara vivenciou isso. Engenheira de software talentosa do Vale do Silício, ela fez carreira nas maiores empresas dos Estados Unidos. Aos vinte e poucos anos, Chiara se envolveu em um acidente de bicicleta que lhe causou uma lesão cerebral, e por sua vez acabou fazendo com que ela desenvolvesse a síndrome da fadiga crônica. Quando revelou a condição à gerência em seu primeiro emprego, a reação foi: "Boa sorte para encontrar um lugar disposto a acomodar suas necessidades!". Chiara passou a levar consigo uma sensação profunda de vergonha, que experimentava aonde quer que fosse. Para compensar sua condição e demonstrar seu valor, ela começou a obter um diploma após o outro. Sentia-se tão culpada que nunca pedia bônus, aumento ou negociava seu salário inicial. Chiara sentia que tinha sorte só de contar com um emprego. Estava sempre preocupada com a possibilidade de causar problemas e aceitava o que quer que lhe oferecessem — inclusive contratos abusivos e incertos. Sua carreira era tão instável, que, em determinado ponto, Chiara perdeu seu apartamento.

Quando ela me procurou, estava saindo de outro emprego abusivo e com salário baixo, e buscava desesperadamente estabilidade e humanidade no próximo cargo que ocupasse. Uma boa parte do trabalho que realizamos juntas envolveu se livrar da culpa profunda que havia sido plantada em se cérebro, como resultado do preconceito reforçado pela gerência de seu primeiro emprego de que pessoas com deficiência não mereciam apoio. Juntas mapeamos do que e *de quanto* Chiara precisava para prosperar. Logo se tornou evidente que, se ela desejava cuidar de sua saúde e honrar seu valor, não poderia mais aceitar as migalhas que a América coorporativa lhe oferecia. Identificamos o que era imprescindível em seu próximo emprego, e Chiara acabou se tornando vice-presidente de engenharia de uma das cinquenta maiores empresas dos Estados Unidos, que ficou mais que feliz em contratá-la. Ela passou a contar com um bom plano de saúde, pôde voltar a fazer terapia e retomou os cuidados que havia precisado adiar ao longo de anos.

Sim, geralmente as comunidades marginalizadas têm recebido menos e tido acesso reduzido a recursos — no entanto, há exceções. É nos lembrando das exceções sob a perspectiva da crença, sem deixar de trabalhar em nossas comunidades e em nome de uma mudança sistêmica, que começamos a transformar nossa relação com a ambição. Há muita injustiça quando se trata de ganhar e emprestar dinheiro, e até mesmo em termos de educação financeira, mas podemos alcançar a riqueza em nosso nome e em nome daqueles que se identificam da mesma maneira que nós.

Quando tiramos das pessoas a possibilidade de ganhar bem, tiramos também sua capacidade de viver. Isso pode ser uma sentença de morte. Não podemos nem iniciar uma conversa relacionada à ambição com propósito se estamos sempre no modo sobrevivência.

Quando grupos historicamente excluídos têm mais, promovem mais o bem. Por exemplo, quando mulheres têm mais dinheiro, investem 90% dele na família, já os homens investem 44%.[16] Agora vamos falar sobre como obter o dinheiro que você deseja para honrar suas necessidades e se tornar parte da mudança.

CURE SUAS FERIDAS CENTRAIS E REESCREVA SUA HISTÓRIA

Se seu desejo de ter mais dinheiro vem da rejeição, do abandono, da injustiça, da traição ou da humilhação (as feridas centrais que exploramos no capítulo 1), isso criará uma base instável para sua relação com as finanças. Digamos que você se sentisse abandonado quando pequeno. Seus pais sempre escolhiam o trabalho e os amigos em vez de você. No início de sua carreira, você pensou: *Se eu ganhar o suficiente, eles vão ver que sou especial, vão me amar da maneira como eu precisava ser amado e tudo vai ficar bem!* Infelizmente é *raro* que isso aconteça. Em geral as pessoas que originaram nossas feridas centrais darão sequência a seus padrões, não porque sejam ruins, mas porque nem estão conscientes deles ou porque não realizaram o trabalho necessário para se curar. Então passamos anos dando duro em nome dessa ferida, obtendo cada vez mais, porém nos sentindo cada vez mais vazios.

Focar apenas na mentalidade quando o assunto é dinheiro não basta — principalmente em se tratando de grupos sub-reconhecidos, porque não se leva em conta o impacto do trauma, da opressão e dos fatores sistêmicos externos ao indivíduo. No entanto, a mentalidade é importante. Precisamos levar em conta as mentalidades e as histórias que as originaram, além de nossas feridas centrais.

Neste livro já exploramos sua mentalidade e suas crenças limitantes centrais — aquelas que mantêm você empacado. Nutrimos esse mesmo tipo de ideia em relação a dinheiro, conscientemente ou não. Apresentarei um exercício que ajudará você a identificar algumas de suas crenças relacionadas a dinheiro.

CONECTE DINHEIRO E MOTIVAÇÃO — COM BASE NA REALIDADE

Quando desejamos certa quantia de dinheiro e esse desejo vem da dor e não de um propósito, nosso apetite é insaciável. Nada nos impedirá — nem mesmo nosso bem-estar — de conseguir o que queremos. Conectar o desejo de mais dinheiro a nossa motivação, missão e a nosso propósito é mais sustentável. Paramos de brigar com o mundo por acreditarmos que ele nos deve alguma coisa e nos convencemos de que mais dinheiro vai nos ajudar a fazer o bem e a apoiar nosso porquê.

Conectar dinheiro e propósito também nos ajuda a progredir. Quando as coisas ficam difíceis pensamos no rosto de nossos filhos, o motivo de nosso esforço. Ou em nossos pais que precisam de ajuda para se aposentar. Ou seguimos em frente pensando em todos aqueles que vamos inspirar. Isso transfere o desejo da cabeça para o coração, um lugar muito mais produtivo para trabalhar.

Uma vez que conectamos nosso desejo por mais a nosso propósito, precisamos nos certificar de estarmos baseados na realidade. O que quero dizer com isso é: pense em como você utilizaria, economizaria ou direcionaria o dinheiro, para que o papel dele em sua vida fique claro. Às vezes temos dificuldade de pedir certo valor porque ele parece desconectado de nosso dia a dia. Podemos pensar: *Preciso mesmo pedir tudo isso? O que faria com esse dinheiro?* Por isso é melhor já saber de antemão. Como uma referência do coaching me disse uma vez: "Fazer as contas embasa nosso sistema nervoso". Sei que isso é verdade para mim e para meus clientes. Pense em como você gastaria, economizaria ou investiria o dinheiro a mais de maneira que sirva a seu propósito.

NEGOCIE POR VOCÊ E POR SUA COMUNIDADE

Negociar uma oferta não apenas ajuda a receber um salário que reflita melhor suas habilidades, sua experiência e como você contribuirá para a organização, como eleva o sarrafo da remuneração para todos que se identificam como você. Isso é especialmente importante para grupos historicamente excluídos, que costumam receber ofertas iniciais mais baixas. Por meio da negociação — e não apenas de salário, mas de bônus, participação nos lucros e aumentos futuros — podemos ajudar a diminuir a disparidade salarial e criar um mundo mais igualitário. Podemos negociar praticamente tudo, e a maioria das pessoas não o faz. (Vale apontar que essa é outra forma de cuidado coletivo.)

Antes de iniciar a negociação, lembre-se de seu propósito e do que quer fazer com o dinheiro a mais. Também esclareça suas necessidades e onde sua linha do ressentimento se encontra. Você tem um motivo para pedir mais — lembre-se disso. Faça uma pesquisa prévia sobre a faixa salarial para o cargo, para ter certeza de que o que pede é possível. Para se conectar ainda mais com sua ambição com propósito, ancore o pedido em seus dons. Lembre-se de suas habilidades excepcionais e do impacto que pode causar por conta delas. Sua genialidade vale muito! Treine pedir mais com amigos, para que as palavras não saiam da sua boca pela primeira vez já na negociação.

REGULE SEU SISTEMA NERVOSO QUANDO O ASSUNTO É DINHEIRO

Há muitos motivos para nosso sistema nervoso se desregular quando o tema dinheiro surge. Por exemplo, termos crescido em uma família com pouco dinheiro ou cuja vida financeira era cheia de altos e baixos; buscarmos dinheiro por conta de uma ferida central que nos faz desejar mais; uma dificuldade de compreender como os empréstimos ou os cartões de crédito funcionam, ou mesmo como declarar o imposto de renda (vale lembrar que tudo isso foi mesmo projetado para nos desconcertar e assim nos manter em um estado de desregulação e incerteza; a confusão com frequência é utilizada para perpetuar a opressão). A desregulação pode fazer com que nos sabotemos quando ou se tivermos dinheiro, porque nossa mente e nosso corpo não se sentem seguros com ele, de modo que precisamos aprender a reconhecer se nosso sistema nervoso está funcionando abaixo de sua capacidade ou se desligando quando o assunto é dinheiro, e então regulá-lo.

Da respiração consciente ao mapeamento meditativo do corpo, existem muitas maneiras de regular o sistema nervoso. Experimente diferentes métodos e descubra o que funciona melhor para você. Depois utilize as ferramentas adquiridas caso fique ansioso quando estiver pesando ou trabalhando com dinheiro. Tomamos decisões muito diferentes quando nosso sistema nervoso está desregulado e quando não está. É assim que a sensação de estar sobrecarregado pode nos fazer gastar o dinheiro que colocaríamos na previdência privada em um novo guarda-roupa do qual nem precisávamos.

EXERCÍCIO

REGULE SEU SISTEMA NERVOSO ATRAVÉS DO MAPEAMENTO CORPORAL

Este é um método que aprendi com Amy Bonaduce-Gardner.

1. Comece observando sua respiração por um momento. Perceba se ela está rápida ou lenta, profunda ou curta. Atenha-se a observar.

2. Sintonize-se com seu corpo. Quando você pensa em dinheiro, sente algo no corpo? Em caso positivo, onde?
3. Concentre-se nessa área. (Se não sentir nada no corpo, escolha uma área.) Comprometa-se com uma localização precisa, como o coração, ou o esterno, mesmo que você não saiba o nome correto dessa parte do corpo. Escolha um segundo ponto, próximo, e alterne sua atenção entre ambos por dois minutos ou mais. Por exemplo, se ao pensar em dinheiro você sente um aperto no peito, alterne sua atenção entre o coração e o esterno por dois minutos ou mais.
4. Após alguns minutos, você notará uma diferença em sua estrutura física, indicando que houve uma mudança no seu sistema nervoso. Você nota algo de diferente em seu corpo e em como se sente? (Talvez esteja sentado mais ereto que antes. Talvez seus ombros estejam mais baixos. O que você percebe?)

ENCONTRE O EQUILÍBRIO ENTRE SEU LIMITE E A IDEIA DE QUE NUNCA É O BASTANTE

É maravilhoso desejar mais. A ambição é o desejo de mais vida, como mencionei. É perfeitamente ético e racional pessoas sub-reconhecidas quererem um milhão de dólares, mesmo que seja pelo princípio da redistribuição. Onde muitas vezes tropeçamos, no entanto, é na síndrome do "nunca é o bastante". Trata-se de nossa dor falando. Bilionários *precisam* de mais um bilhão? Não. É exatamente esse tipo de mentalidade que cria desequilíbrio e exploração no mundo.

Porém qual a diferença entre não querer demais e ter um limite superior (um teto falso, sustentado por um sistema de crenças limitantes)? Muitos de nós se alternam entre a síndrome do "nunca é o bastante" e esse teto. Se paramos no teto, provavelmente estamos nos escondendo e contendo. Por outro lado, se não conseguimos saciar nosso desejo de dinheiro, independentemente de quanto colocamos na conta bancária, então há algo a se notar aí também. Como em quase tudo na vida, há um ponto de equilíbrio em algum lugar, no qual expandimos e ocupamos espaço de maneira alinhada com nossos valores, mas não chegamos a ser vorazes por dinheiro a ponto de passar por cima de tudo e todos em nome dele (o que não seria de modo algum manter uma relação saudável com nossa ambição).

EXERCÍCIO

ALINHE SEU DINHEIRO A UMA AMBIÇÃO COM PROPÓSITO

1. Quais são suas primeiras lembranças relacionadas a dinheiro? O que você decidiu sobre esse tema naquele momento?
2. O que você aprendeu sobre sua identidade e dinheiro desde cedo? Por exemplo, que mulheres e dinheiro ____________, ou que imigrantes e dinheiro ____________.
3. Como sua família lidava com dinheiro (ou as pessoas que criaram você)?
4. Que mensagens você recebeu relacionadas a trabalho e dinheiro?

5. Você e sua família sofreram algum trauma emocional relacionado a dinheiro? O que você decidiu em relação a isso depois?
6. O que seus pais ou cuidadores temiam em se tratando de dinheiro? Você adotou algum desses medos?
7. Que histórias seus pais ou cuidadores contavam sobre dinheiro? Você adotou alguma como sua?
8. Sua relação com o dinheiro está conectada a suas feridas centrais do capítulo 1? Em caso positivo, de que forma? E como isso pode impactar sua realidade atual?
9. Meus medos hoje e minhas histórias relacionados a dinheiro são __________.
10. Tenho medo de que, se eu tivesse mais dinheiro, __________ aconteceria.
11. Para viver acima da linha do ressentimento, meu salário/minha renda precisaria ser de __________.
12. Para viver acima da linha do ressentimento, você precisa receber um salário mais alto, ou cobrar um preço mais alto? Em caso positivo: Quanto? E quando se darão as conversas necessárias para que você obtenha isso?
13. Seu desejo de mais dinheiro está conectado a seu propósito e sua missão? Em caso negativo, como você pode criar essa conexão? (Se você resistir aqui, talvez haja crenças limitantes operando.)
14. Baseie-se na realidade. O que você faria com o dinheiro a mais se o conseguisse? Seja específico e divida seu salário em categorias de gastos.
15. O que você aprendeu ou notou sobre suas crenças e seus hábitos relacionados a dinheiro?
16. Tem alguma crença limitante atrapalhando você? (Se for o caso, retorne à seção sobre crenças limitantes.)

APOIANDO NOSSAS NECESSIDADES POR MEIO DA JUSTIÇA ECONÔMICA

É muito importante destacar que atender nossas necessidades não é uma coisa que acontece no isolamento. Como humanos, estamos interconectados e somos parte de um sistema. Ter nossas necessidades financeiras atendidas nesse sistema é o que chamamos de "justiça econômica".

Justiça econômica é quando todos têm aquilo de que precisam para prosperar e quando geramos recursos juntos, no âmbito coletivo. A autora e coach Kelly Diels, que mencionei anteriormente, ensina um modelo tripartido para construir um negócio economicamente justo que sempre adorei: ele precisa ser "bom para você, bom para o cliente e bom para o coletivo".[17] Esse modelo é bastante útil — principalmente quando estamos falando de ambição — e não se limita ao empreendedorismo. Você pode contribuir com seu salário ou controlando o orçamento de uma organização. A ideia é que todos ganhem, embora o paradigma dominante atual dite que quando uma pessoa ganha, outra perde. Nosso trabalho deve ser bom para nós mesmos, para aqueles a quem servimos e para o mundo. A justiça econômica é importante porque ajuda a transferir o foco de *preciso resolver isso individualmente* para *posso contribuir com isso enquanto procuramos solucionar a questão como sociedade.*

Quando carregamos todo o ônus de resolver injustiças relacionadas a dinheiro (ou a qualquer outra coisa, na verdade) nas nossas costas, tentando reduzir os preços ao máximo e priorizando os outros, muitas vezes nos prejudicamos de um modo que limita nossa contribuição. Quando produtores de cultura que estão aqui para promover a mudança não contam com os recursos necessários para prosperar porque assumem o fardo sozinhos, isso é o oposto de justiça. Se fracassamos porque nos exaurimos em consequência da falta de recursos e do excesso de trabalho, não resolvemos o problema. Enquanto donos de negócios e líderes, precisamos ser recipientes da justiça econômica, não fornecedores. Afinal, essa precisa ser uma via de mão dupla.

A justiça econômica é uma missão coletiva que envolve todo o sistema. Cada um de nós pode ser um participante e um contribuinte, assumindo o papel de porta-voz de uma organização com a qual nos preocupamos, fazendo doações regulares, oferecendo bolsas de estudos ou mentoria, exigindo equidade salarial nas corporações, e muito mais. A ideia é contribuir coletivamente, para que os indivíduos não se prejudiquem ao promover a mudança.

Gabby é uma diretora criativa freelance que trabalhava com algumas marcas muito interessantes, com foco nos millennials. É ela que as pessoas chamam quando precisam tornar uma empresa mais relevante culturalmente. Pouco tempo atrás ela foi chamada para ajudar uma marca de beleza a revitalizar sua imagem. Gabby reduziu seu preço porque queria colocar aquilo em seu portfólio. Após alguns meses, a marca ampliou o escopo do trabalho. Quando Gabby propôs um novo valor (que ainda era mais baixo que o que costumava cobrar) à diretoria de marketing, perguntaram se ela não poderia fazer mais por menos. Ela sabia que não se tratava de falta de fundos, porque estava a par do orçamento. Era só uma questão de pagar o mínimo e obter o máximo. Ela respondeu com um não contundente. Um sim a teria deixado em uma posição financeira desafiadora, e ela teria que compensar a perda pegando mais projetos e pagando menos para as pessoas que contratava. Gabby ficaria sobrecarregada e seria mal paga só para que a marca pudesse apresentar resultados financeiros um pouquinho mais positivos, o que teria um impacto negativo em sua equipe. Isso não é justiça econômica: é exploração.

Você merece ter todas as necessidades atendidas. Todos merecemos. Isso terá uma cara diferente para cada um de nós — e deve ter mesmo. Quando se trata de encontrar o ponto ideal entre nosso desejo por mais e o suficiente, o importante é buscar contentamento. Iremos mais a fundo nisso no próximo capítulo.

RESUMO DO CAPÍTULO

- Você não precisa merecer ter uma necessidade. Honrar suas necessidades cria sustentabilidade.
- Viva acima da linha do ressentimento e sempre se pergunte a altura dela.
- Utilize o cuidadômetro para identificar e atender às suas necessidades únicas.
- Esclareça o que é imprescindível, o que é preferível e o que é inadmissível em cada área de sua vida.
- O cuidado coletivo e o autocuidado são igualmente importantes e caminham de mãos dadas.
- Ter nossas necessidades atendidas com frequência exige dinheiro. Obtenha esse dinheiro e se certifique de trabalhar sua história relacionada a dinheiro.
- Garantir que todos tenhamos o bastante deve ser um esforço de todo o sistema.

7. Priorize o contentamento

O contentamento vem da relação com o que acontece a nossa volta, e não de nossa reação a isso. Ele é a constatação tranquila de que estamos completos tal qual somos, apesar da raiva, da tristeza, da alegria, da frustração e da empolgação que podem ir e vir ao longo do tempo.

Daniel Cordaro[1]

Um dos conceitos equivocados mais desafiadores no que se refere à ambição é o de que nunca sentimos que temos o bastante, de que nunca estaremos satisfeitos. Mas lembre-se: essa é uma marca da *ambição centrada na dor*. Quando partimos da dor, não há dinheiro, títulos, conquistas ou best-sellers do *New York Times* que bastem. Por quê? Porque estamos tentando curar feridas internas com medidas externas arbitrárias. Isso nunca funciona. Pode acreditar em mim, porque eu tentei. E você provavelmente também. Como muitas outras pessoas.

O que precisamos fazer é focar o contentamento, que pede que encontremos a integridade dentro de nós antes de nos voltarmos para aquilo que queremos, que é exterior. Essa abordagem da vida é mais sustentável e gratificante.

PRIORIZANDO O CONTENTAMENTO EM VEZ DA FELICIDADE

O Ocidente é obcecado pela noção de felicidade. Em uma busca rápida na Amazon, pode-se encontrar mais de 20 mil livros cujo título promete nos ajudar a alcançar esse estado elusivo, o que só prova que sentimos um forte desejo por ele. No entanto, embora a felicidade e o contentamento com frequência sejam intercambiáveis e trabalhem em sincronia, na verdade constituem duas coisas muito distintas — e uma alimenta a ambição com propósito muito mais que a outra.

Por um lado, a felicidade é a sensação de prazer que vivenciamos com resultados que se manifestam na vida, como realizações ou marcos. Trata-se de uma emoção, e portanto é temporária. O contentamento, por outro lado, é um estado de paz interior que nos sustenta independentemente das circunstâncias externas. Enquanto a busca da felicidade nos leva a perseguir constantemente um objetivo móvel, o contentamento nos permite aceitar o que temos ao mesmo tempo que nos mantemos abertos a mais. Em outras palavras, a felicidade é passageira, o contentamento é estável.

Na vida desejamos a felicidade *e* o contentamento, embora a maioria tenda a se concentrar na felicidade. Isso é tolice, porque as emoções humanas são naturalmente transitórias. É impossível se sentir feliz o tempo todo. A pressão para tal só leva à decepção. Se estabelecermos objetivos de acordo com o que acreditamos que vai nos fazer feliz, dificilmente alcançaremos um estado de realização genuína.

O dr. Robert Lustig, professor emérito de pediatria da Universidade da Califórnia em San Francisco, acredita que a busca da felicidade promove sofrimento. Em seu livro *The Hacking of the American Mind* [O hackeamento da mentalidade norte-americana], ele explica que, como sociedade, confundimos felicidade, prazer e contentamento, o que promove um atrito real.[2] Nosso desejo de mais "curtidas", itens de luxo e promoções é provocado por uma busca por dopamina, o neurotransmissor responsável pela motivação e pela procura,[3] e essa perseguição perpétua pode levar ao vício. Em outras palavras: como sociedade, estamos viciados no prazer de curto prazo.

É claro que a felicidade não é em si ruim; só não podemos ser excessivamente dependentes dela, para que haja espaço para outras emoções. Quando Penny Locaso, "a primeira hacker da felicidade", entrevistou mais de cem pessoas entre 22 e setenta anos que participavam de um estudo, descobriu que aquelas que se sentiam mais realizadas eram as que se permitiam sentir e processar as emoções que em geral rotulamos de negativas — como tristeza, medo e ressentimento —, e não apenas os sentimentos mais otimistas.[4] Reprimir emoções como raiva, tristeza e frustração pode nos prejudicar. Ao fazermos isso, negamos a plenitude da experiência humana. E, como aprendemos na seção sobre sombras, quando negamos um sentimento, também negamos seu oposto.

Precisamos sentir tanto o que é positivo quanto o que é desafiador, porque ambos fornecem dados sobre nossa vida e nossa experiência, o que nos informa como navegamos a existência. Vivenciar uma variedade de emoções é o que chamamos de emodiversidade.[5] Infelizmente muitos de nós sentem que não têm o direito de manifestar todas as emoções. Pense nos estereótipos do vilão árabe, da mulher histérica, do homem negro raivoso, que levam muitas pessoas nesses grupos a suprimir sua raiva. Só que fazer isso para que os outros se sintam mais confortáveis só nos prejudica no processo. Todos deveríamos vivenciar a gama completa de emoções — o que é saudável. Estudos correlacionam se permitir sentir uma variedade de emoções com menos depressão, menos consultas e menos despesas médicas.[6] Em outras palavras, quando nos permitimos sentir e vivenciamos todos os nossos sentimentos, os bons e os ruins, somos capazes de ter uma conversa mais honesta com nossa ambição.

Enquanto nos Estados Unidos tendemos a priorizar a felicidade, em muitas tradições orientais o contentamento é considerado o estado mais favorável. O dr. Daniel Cordaro — fundador e CEO da Contentment Foundation — estudou 5 mil anos de filosofia e duzentos anos de pesquisa científica, debruçando-se sobre a sabedoria de tradições antigas, e, para seu espanto, descobriu que elas raramente usavam a palavra "felicidade". Ele descobriu que em mais de 90% do tempo a palavra usada era "contentamento" — descrito como uma "plenitude incondicional", que não dependia do que acontecia externamente.[7] Quando a equipe de Cordaro na Universidade de Chicago estava estudando emoções no Butão Oriental, seu guia, o dr. Dorji Wangchuk, falou sobre como esse estado era especial: "É difícil de traduzir [contentamento], porém o mais próximo é *chokkshay*, uma palavra muito profunda e espiritual, que significa 'o conhecimento do suficiente'".[8] Essencialmente isso significa ter a consciência de que o que temos aqui, agora, está completo.

Essa plenitude incondicional que sentimos nos permite manter uma relação com mais propósito com a ambição. Não buscamos nada externo, como um trabalho, um prêmio ou um título importante para nos sentir plenos. A integridade vem de dentro. Isso não é incrível? Em vez de nos ancorar a sentimentos passageiros, podemos estar presentes e permitir que isso seja o bastante. Em vez de pensar em como poderia ser, podemos conviver com como é no momento, e aceitar isso.

Amy Bonaduce-Gardner, minha coach do sistema nervoso, ensinou-me que, quando deixamos o presente e habitamos o futuro ou o passado — quer seja nos preocupando com a apresentação do dia seguinte ou revisitando o constrangimento sentido com um erro cometido no trabalho no ano anterior —, nosso corpo entra no modo luta ou fuga. O cérebro vê a realidade atual e a compara com o passado para compreender o presente ou prever o futuro. Isso nos coloca em um caminho que tem pouco a ver com o que está acontecendo e pode nos manter empacados e nos roubar a oportunidade de novas experiências, novas ideias e novos aprendizados.

Se me detenho intencionalmente no passado ou no futuro, isso cria uma discrepância entre meu cérebro inconsciente (cujo trabalho envolve receber e processar informações do momento presente) e meu cérebro consciente (cujo trabalho envolve tomar decisões baseadas nos estímulos sensoriais revelados pelo cérebro inconsciente, mas que agora pensa em um momento completamente distinto). Quando minha realidade mental não corresponde à realidade do meu ambiente externo, meu sistema nervoso simpático é ativado — é melhor prevenir que remediar!

O contentamento não apenas nos permite estar no presente como convida o sistema nervoso a um estado de descanso e digestão. De acordo com Bonaduce-Gardner, o cérebro parassimpático — o descansar e digerir — do estado de contentamento "percebe como o momento é único, informa-nos como ele é diferente de ontem e aborda o amanhã com curiosidade". Isso nos permite habitar a realidade do momento. Podemos ter acabado de receber um e-mail incômodo, porém sabemos que não há um leão literal nos perseguindo.

CULTIVE SEU CONTENTAMENTO

Enquanto a busca perpétua pela felicidade pode manter nossa relação com a ambição centrada na dor, o contentamento nos permite responder à pergunta "Quanto é o suficiente?". Agora vamos verificar como podemos começar a cultivar o contentamento que nos aproxima da ambição com propósito. O primeiro passo é organizar a vida em torno do que valorizamos.

ALINHE O TRABALHO COM SEUS VALORES

Como aprendemos no capítulo 4, os valores centrais são os padrões que guiam sua vida. Seus valores permitem que você entre em uma parceria, em um ambiente de trabalho, em um projeto, em uma amizade ou em uma comunidade e pergunte: *Nós nos importamos com as mesmas coisas? E quanto isso importa para cada um de nós?* Se os valores centrais de uma organização estão em contraste direto com os nossos, chegará um momento em que a organização pedirá que você abandone ou comprometa uma parte de si, às vezes forçando você a se esconder atrás das mesmas máscaras a que se agarrava na infância. Ao fazer isso, você infringirá sua ambição com propósito.

Foi o que aconteceu com minha cliente Patricia, que durante muitos anos foi vice-presidente de vendas e marketing de uma marca de moda *athleisure*. Embora gostasse de sua equipe, ela não sentia que estava aprendendo e crescendo, o que era um de seus valores centrais. Patricia estava dividida. Por um lado, não queria deixar seus funcionários na mão; por outro, preocupava-se por não estar se desenvolvendo tanto quanto poderia. A princípio ela não fez nada, porque sua equipe era legal e a apoiava. Pouco a pouco, porém, uma vozinha em sua cabeça ganhou mais força, lembrando-a de como ela adorava aprender e de que seu trabalho oferecia muito pouco daquilo. Patricia procurou por oportunidades de crescimento fora do trabalho, porém não era a mesma coisa. Encontrava-se estagnada e sacrificava seus sonhos ao permanecer onde estava por conta de seus funcionários.

Em determinado momento ignorar a voz se tornou impossível. Patricia começou a se ressentir do trabalho. Não conseguia ser autêntica nele e não podia contribuir com toda a extensão de seus dons. Como podemos manter uma boa relação com a ambição quando na prática escondemos quem somos? Quando o ressentimento chegou ao limite, Patricia decidiu que era hora de encontrar um trabalho que priorizava seu crescimento e desenvolvimento. (E ela encontrou. Contava inclusive com um valor alto destinado a aprendizagem e desenvolvimento, porque todos sairiam ganhando com aquilo.)

É tão importante que os valores se alinhem no trabalho que estudos demonstram que, quando isso não acontece, costumamos intensificar outros fatores para nos sentir mais realizados. Por exemplo, quando os pesquisadores Paul Ingram e Yoonjin Choi analisaram diretores de operações, descobriram que, quando seus valores não estavam alinhados aos da empresa, eles precisavam de um salário 40% mais alto para se sentirem satisfeitos.[9] Já vi isso na prática com meus clientes. Quando o trabalho não está conectado com o que importa para eles, a compensação financeira acaba servindo como uma maneira de sentir maior realização. Se seu trabalho não é significativo o bastante, eles procuram justificá-lo financeiramente. Esse estratagema só funciona no curto prazo, no entanto; para prosperar, precisamos ter nossos valores compartilhados no ambiente de trabalho.

Para saber se os valores do lugar onde trabalha estão alinhados com os seus, é preciso esclarecer primeiro quais são os seus valores. Vamos usar o exercício a seguir para isso.

A pesquisa de Ingram e Choi relacionada a valores concluiu que, quando os valores de uma empresa correspondem aos de seus funcionários, a operação como um todo se desenrola com muito mais facilidade. Tende a haver maior satisfação com o trabalho, menos atritos, comunicação mais saudável, maior contribuição e sensação de pertencimento — o que deveria levar as empresas a incentivar o alinhamento de valores.

EXERCÍCIO

DESCUBRA SEUS VALORES

EXEMPLOS DE VALORES

Justiça	Confiabilidade	Consistência
Comprometimento	Receptividade a ideias	Inovação
Sinceridade/ Franqueza radical	Eficiência	Compaixão/ Bondade
Criatividade	Bom humor	Positividade
Espírito de aventura	Motivação	Respeito
Otimismo	Paixão	Educação
Boa forma	Coragem	Serviço aos outros
Perseverança	Igualdade	Alegria
Ambientalismo	Lealdade	Liberdade
Empoderamento feminino	Justiça de gênero	Conexão

1. Tendo essa relação em mente, quais são seus valores centrais? Se você precisasse listar os cinco que considera mais importantes, quais seriam?
2. Se estiver com dificuldade de apontar seus valores, pense em uma interação incômoda recente. De que valores sentiu falta?
3. Que valor você quer garantir que sejam transmitidos através de seu trabalho?
4. Se você trabalha em uma organização, de que valores precisa que ela compartilhe para que sinta que há alinhamento?
5. Que valores você quer incorporar de maneira mais profunda em seu trabalho atual?
6. Como você pode começar a manifestar esses valores hoje?

VERIFIQUE SUAS EXPECTATIVAS

O que esperamos de nós e dos outros muitas vezes impede o contentamento. Quando abri meu negócio, pensava no empreendedorismo como uma escola: o retorno é proporcional ao investimento, e, se você estudar e fizer tudo aquilo que "deveria fazer", vai tirar nota máxima e atingir seus objetivos. Então o universo puxou meu tapete. Mais que qualquer outra prática, o empreendedorismo me ensinou que nem sempre o retorno é proporcional ao investimento, e que nem sempre as circunstâncias são justas. Tive um primeiro ano bastante decepcionante, e, como filha do trauma, a primeira coisa que fiz foi dizer a mim mesma que eu não era boa naquilo e que havia algo de inerentemente errado comigo. Claro que não havia nada. O caso era que minhas expectativas não estavam sintonizadas com a realidade.

As expectativas dos outros em relação a nós podem ter um impacto em nosso contentamento. Talvez a gerência espere um resultado quase perfeito, mesmo que você esteja lidando com vários projetos ao mesmo tempo e não tenha tempo de refinar seu trabalho. Talvez sua equipe espere retorno imediato, apesar de sua agenda estar cheia de reuniões. Ou seus colegas esperam que você atenda ligações e responda a e-mails nos fins de semana, o que não é possível considerando sua programação pessoal. Ter consciência dessas expectativas pode tanto contribuir para nosso contentamento quanto atrapalhá-lo. É útil saber o que as pessoas querem e do que precisam, porém o peso dessas expectativas pode nos levar a ter um desempenho muito acima da nossa capacidade, em vez de estabelecer limites em nome de nossas necessidades.

A verdade é que não temos como evitar as expectativas — elas estão em toda parte —, mas podemos aprender a trabalhar com elas. O truque é mirar alto o suficiente (e "suficiente" é a palavra-chave) para operarmos dentro da nossa margem de crescimento e aceitarmos o resultado. Por exemplo, eu adoraria que este livro fosse um best-seller, porém meu contentamento não depende disso. Meu objetivo maior é escrever um livro que mudará sua vida e dar tudo de mim nesse processo. Não tenho como controlar o resultado.

Manter expectativas realistas foi uma lição que muitos de meus clientes ambiciosos aprenderam da maneira mais difícil, porque às vezes suas expectativas não estavam alinhadas com sua motivação verdadeira. Grace, por exemplo, era uma funcionária com muito potencial em uma das maiores empresas de consultoria do mundo. Ela me contou que, como uma das poucas norte-americanas de origem asiática no grupo ao qual pertencia, sentia "uma pressão gigantesca" para provar seu valor e ser bem-sucedida rapidamente. Quando tinha trinta e poucos anos, Grace foi escolhida como uma das funcionárias a quem considerariam oferecer sociedade, o que era por si só uma façanha; aquilo costumava levar cerca de quinze anos, o que significava que a maioria dos consultores não virava sócio até pelo menos os quarenta. No entanto, como havia poucas mulheres de origem asiática no cargo de sócias em todo o setor, Grace estava determinada a atingir aquela posição o quanto antes.

No processo exaustivo de entrevistas para selecionar a quem seria oferecida sociedade, Grace deu tudo de si, abrindo mão de seus fins de semana e contratando uma coach de oratória para se preparar para o comitê de revisão. Ela fez o que fazia de melhor: preparou-se e trabalhou mais duro que a concorrência. Grace passou pela primeira rodada de entrevistas, mas, depois da segunda, foi informada de que não seguiria adiante. Ela me ligou arrasada, confusa, mas principalmente furiosa. Quando exploramos sua raiva, ficou claro que Grace estava brava consigo mesma. Ela era o tipo de mulher que fazia qualquer coisa acontecer. Por que não tinha conseguido concretizar aquilo?

Começamos nosso trabalho avaliando a motivação de Grace, por que ela queria ser sócia. Refletindo, Grace percebeu que queria se tornar uma das sócias de origem asiática mais jovens de sua área de atuação para se sentir digna e valorosa, e para mostrar a seus pais, colegas e pares que era capaz. O que a motivava era seu desejo de vencer, e não seu propósito verdadeiro ou seus valores. A essa altura, sabemos que essa é uma marca da ambição centrada na dor, que não contribui para o contentamento.

Foi só quando tivemos uma conversa muito real sobre expectativas, tanto as dela quanto as de seus pais, que Grace se deu conta de seu desalinhamento. Ela achava que se desdobrar para corresponder à imagem de como achava que um sócio deveria ser lhe garantiria a sociedade. No entanto, naquela expectativa residia uma dura verdade: Grace não estava sendo ela mesma para conquistar o objetivo. Era o sonho de seus pais que ela se tornasse sócia, e não o de Grace. Ela começou a reavaliar tudo, e acabou abandonando a consultoria e passando para a indústria dos cuidados à saúde, pela qual sempre fora apaixonada.

Quando se trata de examinar as expectativas que colocamos em nós mesmos, devemos perguntar, como Grace: *Qual é a verdadeira intenção por trás do meu desejo?* Expectativas dificilmente vêm de ideias nossas. Elas costumam ser de nossos parentes, de nossa comunidade ou mesmo de nossos chefes. Retornar a nosso porquê pode nos ajudar a promover a ambição com propósito. Se nossa intenção é obter mais porque é isso que o mundo espera de nós, provavelmente alimentamos uma ambição centrada na dor. Se nossa intenção é crescer e nos desenvolver a partir de cada experiência, provavelmente nosso relacionamento com a ambição é mais propositado. Orientar as expectativas para nossas verdadeiras intenções abre as portas para uma nova maneira de ser, com mais contentamento e propósito. Por isso, retorne sempre a seu porquê.

Use o exercício a seguir para garantir que você está mais conectado com suas intenções que com as expectativas dos outros.

EXERCÍCIO

ALINHE SUAS EXPECTATIVAS E INTENÇÕES

1. Liste alguns objetivos pelos quais tem trabalhado.
2. Identifique por que quer conquistar cada um dos objetivos listados.
3. Esses objetivos estão conectados com a missão e o propósito que nomeamos no capítulo 4?
4. Se não estiverem conectados, de quem são esses objetivos? Buscá-los tem impactado seu contentamento?
5. Como você pode tornar esses objetivos mais alinhados?
6. Pode ser bastante desconfortável abrir mão de algo pelo que trabalhamos, mesmo que esteja relacionado às expectativas de outras pessoas sobre nós. O que precisaria acontecer para que esse processo se tornasse mais confortável?

CHEGA DE COMPARAÇÃO

Nada nos afasta mais do contentamento que a comparação.

Antes que você comece a se repreender por se comparar com os outros, é importante lembrar que é perfeitamente natural fazê-lo. A maior parte de nós se compara e se desespera. A comparação é a maneira mais simples de compreendermos a nós mesmos, em que somos bons e em que não somos. De acordo com a teoria da comparação social, também é como determinamos nosso valor pessoal e social. É quando nos demoramos demais nessa comparação que nos prejudicamos, porque a comparação desvia a percepção de nós mesmos. E há poucas coisas que nos afetam mais que as redes sociais. Na verdade, o uso de múltiplas plataformas de redes sociais foi relacionado a um aumento nos sintomas de depressão e ansiedade, porque estamos sempre nos avaliando em relação aos destaques da vida dos outros.[10]

A família também é um terreno fértil para comparações. Isso era especialmente verdade para minha cliente Halé. Ela era uma mulher excepcional — uma empresária celebrada, uma artista talentosa e uma amiga querida —, porém não conseguia ver nada disso. Na família, sua irmã mais velha sempre fora a queridinha, porque se encaixava melhor na definição padrão de "gênio" — tinha QI alto e só tirava nota máxima. A mãe e a avó de Halé muitas vezes a comparavam com a irmã, no micro e no macro, considerando quantas amigas tinham, quanto media a cintura de cada uma e quantos prêmios haviam recebido. Halé costumava se sentir uma fracassada, porque sempre era medida segundo o padrão de sucesso de outras pessoas.

Quando ela me contou isso, fiquei impactada. Ali estava uma mulher que sob todos os aspectos era amada e valorizada, uma mulher muitíssimo bem-sucedida. No entanto, porque outras pessoas haviam definido os parâmetros de sucesso — parâmetros que coincidiam com as qualidades da irmã —, ela sempre sentia que estava em dívida. E aquilo estava atrapalhando seu contentamento.

A verdade é que não temos como obter sucesso sendo qualquer pessoa que não nós mesmos. Se projetarmos nossa vida a partir da comparação, seremos reféns das escolhas dos outros. Quando a sociedade nos diz que há um único padrão ou uma maneira melhor de ser, isso não passa de uma mentira cujo propósito é fazer com que nos sintamos menores. Seu único trabalho (e é um trabalho importante!) é ser o mais você possível.

Infelizmente, tal como Halé, muitos de nós vêm de um histórico de comparação. Se alguém de nossa família não se sente suficientemente bem, pode projetar suas inseguranças em nós, e assim passamos a carregar essas ideias como se fossem nossas. Com o tempo, Halé foi capaz de criar compaixão por sua mãe e sua avó, porque elas também tinham vivido daquele jeito. Também haviam suportado as expectativas colocadas sobre elas e sido ensinadas que a vida era uma competição, a qual precisavam lutar para estar à altura. Uma maneira bastante desafiadora de viver.

Quando nos sentimos seguros e confiantes em relação a nós mesmos, ficamos menos propensos a reparar nos outros. Por exemplo, um estudo pediu que participantes felizes e tristes se comparassem com um par que estivesse "melhor" ou "pior" que eles. Os participantes tristes se sentiram piores quando comparados com pacientes melhores, e melhores quando comparados com pacientes piores. Participantes felizes, por outro lado, foram muito menos afetados pela comparação.[11] Quando percebemos que estamos nos comparando com os outros, é importante retornar a nós mesmos e perguntar: *Por que não estou me sentindo bem comigo mesmo?*

Dito isso, há momentos em que a comparação pode ser construtiva — porém isso depende do que escolhemos fazer com ela. Por exemplo, costumo dizer a meus clientes que a inveja pode ser uma emoção útil, porque aponta o que admiramos nos outros e que também temos em nós, mas não conseguimos expressar. Por exemplo, se você tem inveja da carreira de um colega orador, isso pode apontar para o dom da oratória em você e para um desejo de compartilhá-lo no palco. Se utilizarmos essa percepção para explorar nossa relação com o esforço e refinar a vida, isso pode nos apoiar. No entanto, se nos comparamos pura e simplesmente, isso nos afasta do contentamento.

Uma das melhores maneiras de deixar a comparação de lado é se concentrar em seus próprios dons e em como quer usá-los a seu serviço. É muito mais difícil se perder na comparação quando estamos envolvidos em nosso propósito. Sua responsabilidade nesta vida é honrar seu desejo interno de crescimento — a chave, é claro, é esse desejo vir de dentro, e não de fora. Quando temos clareza quanto a quem somos e qual é nossa contribuição para o mundo, quando refinamos isso continuamente, temos menos energia a dedicar à comparação com os outros. Baixar nossas expectativas e nos comparar menos nos permite ser mais reais, mais nós mesmos. Quando passamos a vida reagindo à dor, não permitimos que nossa alma se pronuncie.

EXERCÍCIO
ESQUEÇA A COMPARAÇÃO

1. Onde e como estou me comparando com os outros? Que sentimentos isso desperta em mim?
2. Posso usar esses sentimentos para refinar como me porto em minha própria vida? O que posso aprender com eles?
3. Há algo em mim que não está sendo expresso e que deseja vir à tona? Onde não estou sendo totalmente eu?
4. Como preciso mudar minha relação com as redes sociais (ou outras mídias) para reduzir a comparação negativa?

5. Reconheça sua grandeza fazendo uma lista de cinco coisas que te tornam especial e único. Passe alguns minutos por dia celebrando esses dons.
6. Faça uma lista das maneiras como você pode se aprofundar em seus dons, em vez de se concentrar nos outros.

INVISTA NA COMUNIDADE ALINHADA

Em nome do contentamento no trabalho e na vida, garantir que temos uma comunidade alinhada a nossa volta é vital. Isso não tem a ver com o número de relacionamentos que mantemos, mas com nosso envolvimento naqueles que são verdadeiramente significativos e nos apoiam. Relacionamentos saudáveis levam a um sistema imunológico mais forte, mais longevidade e maiór resiliência ao estresse, e alguns estudos sugerem que podem até mesmo reduzir o risco de morte.[12]

No entanto, uma das maiores dificuldades de meus clientes é com as relações interpessoais, muitas vezes porque eles estão investindo nas pessoas erradas.

Alguns anos atrás, trabalhei com uma mulher chamada Theresa. Ela era uma executiva incrível e muito bem-sucedida, e uma mãe que sempre colocava a família em primeiro lugar — inclusive a família estendida. Uma dia Theresa entrou em nossa chamada desolada. A cunhada tinha falado mal dela no cômodo ao lado, sem saber que podia ser ouvida. O que deixou Theresa mais chateada foi que ela se orgulhava de ser boa com a família. Vivia se desdobrando para ajudar a todos, comprava presentes que sabia que iam agradar e era gentil. No entanto, não importava o que Theresa fazia, a cunhada sempre parecia ter algo negativo a dizer a seu respeito.

O relato de Theresa fez uma ficha cair para mim: *Não precisamos estar presentes para todos como se eles fossem tudo para nós.* Nem todo mundo deseja esse tipo de relacionamento. Na verdade, com frequência acreditamos que é o que os outros querem e depositamos essa expectativa sobre nós mesmos.

Após nossa sessão, peguei meu diário e pensei nas pessoas que mais amava no mundo e para quem queria estar totalmente presente. A lista era curta. Então pensei nas pessoas de quem gostava de verdade e que queria apoiar, mas a quem não dava acesso completo. A lista era um pouco mais longa, mas não muito. Por último, pensei nas pessoas que eu ainda estava conhecendo. Era a lista mais longa. Acabei criando uma estrutura dividida em cinco níveis para decidir como queria estar presente para minha comunidade:

1. Pessoas por quem faríamos qualquer coisa e que fariam qualquer coisa por nós.
2. Pessoas de quem gostamos muito, embora não precisemos ficar o tempo todo com elas. Essas pessoas são ótimas!
3. Pessoas com quem ainda estamos estabelecendo uma conexão. Elas ainda não inspiram nossa grandeza, mas também não nos deixam malucos. São pessoas ok.
4. Pessoas que não se alinham com nossos valores e sugam nossa energia.
5. Pessoas perto de quem não é saudável ficarmos, por falta de alinhamento e porque nos esgotam.

COMUNIDADE AUTÊNTICA

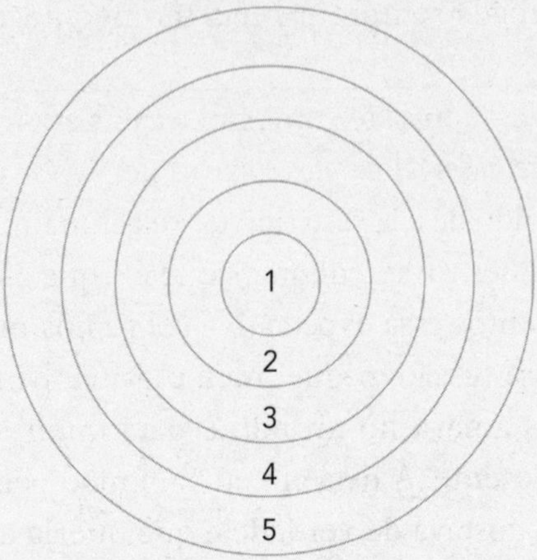

Às vezes nossa natureza ambiciosa pode contaminar os relacionamentos, e sentimos que precisamos ser excelentes amigos para sermos importantes. No entanto, essa é uma abordagem desonesta, que pode alimentar o ressentimento. A verdade é que não contamos com tempo nem com energia sem fim para dedicar a cada pessoa em nossa órbita. Nem todo mundo recebe um crachá de acesso ilimitado à maravilha que somos. Nós *escolhemos* quem entra no círculo mais próximo e quem preferimos manter a um braço de distância. Não tem a ver com pesar e medir as pessoas, ou brincar de uni-duni-tê. É uma questão de sermos totalmente honestos quanto a quem queremos em nossa vida, como queremos estar presentes para essas pessoas e como desejamos que elas estejam presentes para nós. Podemos aplicar a nossas amizades e nossos relacionamentos a mesma estrutura do propósito que aplicamos ao trabalho, para garantir que estejam verdadeiramente alinhados com quem somos e o que queremos.

Minha sessão com Theresa acabou levando ao exercício a seguir para identificar sua comunidade alinhada.

EXERCÍCIO

IDENTIFIQUE SUA COMUNIDADE ALINHADA

É preciso ficar atento em relação a isso, porque provavelmente mudará com o tempo. Não se trata de regras duras, mas de uma estrutura que apoia a comunidade e o contentamento.

1. Identifique quem está em cada categoria na sua vida.

1:

2:

3:

4:

5:

2. Como você quer estar presente para cada um desses grupos? O que quer dar a eles? Que partes *suas* poderão acessar? Com que frequência você quer se conectar com cada grupo?

1:

2:

3:

4:

5:

3. O que você quer receber desses grupos? Como espera que tratem você? Como estão presentes para você?

1:

2:

3:

4:

5:

4. Como tudo isso faz você se sentir? Empoderado ou incomodado? Por quê? Há crenças limitantes empacando ou apequenando você?

5. Você precisa ter alguma conversa relacionada a limites com sua comunidade para honrar essa estrutura?

A comunidade alinhada não representa apenas um contentamento maior para nós — também permite que estendamos essa experiência ao mundo. Nas palavras da mestra Deepa Purushothaman: "Para mudar profundamente o sistema e sustentar nosso poder pessoal, também precisamos do 'poder do nós'. Precisamos encontrar outras pessoas para reabastecer nossas forças, para sabermos que não estamos sós, para que testemunhem nossas batalhas e para que sejamos vistos em nossa integridade".[13]

Minha cliente Kate, professora de meditação budista, autora e ativista pela justiça social, diz: "Podemos ver a amizade como uma prática espiritual, uma prática que nos ajuda a desenvolver e enriquecer nossa vida interior e na qual podemos apoiar uns ao outros no caminho em comum para a libertação".[14] Não podemos realizar esse trabalho sozinhos, e nossas conexões mais profundas e significativas, as pessoas que realmente nos veem e nos apoiam, podem ser as mais transformadoras. Um estudo de Harvard de 85 anos descobriu que o motivo número um de realização na vida são amizades e uma comunidade forte.[15] Nossas amizades e nossa comunidade podem aliviar nossos medos, lembrando-nos de nossa grandeza; podem nos encorajar através de sua coragem; podem nos ajudar a mudar a cultura, correndo riscos e sendo a mudança conosco. O contentamento e a ambição com propósito exigem o “poder do nós”,[16] e que sejamos honestos conosco quanto a quem incluímos nesse “nós”.

PRATIQUE O BRINCAR

Minha mãe contava com pouquíssimos recursos para criar seus cinco filhos enquanto meu pai passava longas horas trabalhando fora de casa e ainda precisava lidar com sua saúde mental. Vendo as dificuldades dela, logo assumi um papel mais adulto e me dediquei ao cuidado. Eu aprontava minhas irmãs para irem à escola, ia buscá-las à tarde e fazia a lição de casa com elas. Cozinhava e limpava, preenchendo as lacunas deixadas por meus pais. Também obtinha algo com isso. Eu me sentia digna e mantinha meu status de “boa menina”. Como você pode imaginar, no entanto, não me restava muito tempo para ser criança, o que teve um impacto em minha vida profissional futura.

Na vida adulta sempre me diziam que eu “só sabia trabalhar”. Um dia, frustrada em ouvir isso pela milésima vez, contratei alguém para me ajudar com minha criatividade. Em nossa primeira sessão eu teria que montar “estações de brincar” no meu apartamento. Tive uma pequena crise existencial e senti uma pontada de irritação. “Como assim, estações de brincar?”, perguntei. “O que seria isso?” A pessoa fez um tour virtual do espaço onde se encontrava para me mostrar. Havia um lugar para tocar bateria. Outro para dançar. Outro para escrever no diário. Havia um cavalete para pintar quadros. Fui convidada a explorar como aquilo funcionaria no meu caso.

A princípio fiquei muito desconfortável. Não fazia ideia de como brincar ou por onde começar. Fui até o setor de papelaria de uma loja da minha rua e comprei marca-textos com glitter, um espirógrafo (lembra daquela régua com umas rodinhas para fazer desenhos geométricos?) e um caderno sem pauta. Fui para casa, sentei-me no chão, esvaziei a sacola e comecei a brincar com o que tinha ali. Depois de cerca de dez minutos, olhei para meus rabiscos confusos e arranquei a folha porque não gostei. Tinha ficado feio.

Toda semana, ao longo de três meses, eu tinha um encontro no Zoom para trabalhar minha criatividade, em uma tentativa de retornar à minha criança anterior, capaz de transformar uma pedra e um graveto em uma brincadeira, alguém que não se importava com as coisas estarem ou não perfeitas, desde que fossem divertidas. Eu resistia duramente. Passei pelo menos o primeiro mês lutando contra o processo e minha natureza. Então algo mudou. Comecei a ver o poder do brincar a partir dos desdobramentos daquelas sessões. Comecei a me sentir menos estressada e menos agitada. Quando ficava entediada e não queria trabalhar, sabia o que fazer. Comecei a rir mais. Eu me sentia mais livre para ser boba. Vivia mais o momento presente, porque o brincar exige interação com o que está diante de nós.

Inúmeros estudos apontam para o poder do brincar. Ele é capaz de reduzir o estresse através da produção de endorfina e contribuir para o bem-estar, aumentando a sensação de alegria,[17] além de melhorar os relacionamentos[18] e aumentar a criatividade.[19] No entanto, muitos de nós não têm ideia de como brincar. A boa notícia é que não há maneira errada de fazê-lo.

Um bom lugar para começar é considerando os quatro estilos principais do brincar, definidos pelo dr. René Proyer, professor e pesquisador de psicologia: o brincar orientado ao outro, o brincar descontraído, o brincar intelectual e o brincar fantástico. O brincar orientado ao outro é basicamente brincar com outras pessoas. Pode ser desde disputar uma partida de badminton até se juntar a um jogo inventado por um amigo. O brincar descontraído é mais relaxado, com os participantes livres para improvisar e sem preocupação com os resultados. Já acompanhei um kirtan, prática de canto devocional em grupo que integra o movimento Hare Krishna, o hinduísmo, o siquismo, o budismo e muitas outras tradições. A pessoa que a lidera muda o tom e o ritmo com frequência. Encarei a prática como brincar descontraído, porque incorporava improvisação e ninguém se preocupava que o resultado fosse perfeito. O brincar intelectual envolve solucionar problemas e usar o pensamento crítico, por exemplo através de jogos em que é preciso descobrir o culpado. E o brincar fantástico privilegia "coisas extraordinárias ou incomuns", tal qual o brincar inspirado em contos de fadas.[20] O convite aqui é encontrar a versão ideal do brincar para você e se envolver com ela sem quaisquer expectativas ou máscaras, acessando sua criança interior e permitindo que ela direcione as atividades de fluxo livre sem que seu ego precise assumir o controle.

Já sei o que você vai dizer agora: *Não tenho nem tempo de dormir, muito menos de brincar.* Como no caso da meditação, não podemos nos dar ao luxo de *não* brincar. Cinco minutos ao dia que seja podem contribuir para nosso contentamento. Assim como quando se trata de alimentar nossa genialidade, podemos começar com poucos minutos por dia e deixar que isso aumente com o tempo. Trabalhar demais e não brincar perpetua a ambição centrada na dor — e digo isso por experiência própria.

Eis algumas ideias de como incorporar o brincar no dia a dia:

- Jogue um jogo de perguntas e respostas com seus filhos, sobrinhos ou até mesmo colegas de trabalho. (Essa é uma das minhas maneiras preferidas de brincar e me rendeu a fama de tia divertida.)
- Monte um espaço criativo em casa. Reúna canetinhas e papel, agulhas e lã, contas e fios — o que te interessar. Reserve-se cinco minutinhos para criar.
- Monte uma playlist que você não consegue ouvir sem dançar. Programe um cronômetro e dance pelo menos cinco minutos por dia. Melhor ainda se você se permitir esquisitices e movimentos descoordenados, deixando sua criança interior assumir o controle.
- Convide seus amigos para uma noite de jogos uma vez por mês. Prefira algo como Cards Against Humanity ou envolvendo assassinatos a serem solucionados, coisas simples e que permitam que várias pessoas joguem ao mesmo tempo.

Em muitos de nós, pessoas ambiciosas que há décadas não se permitem brincar, o lado competitivo pode ser despertado. Se você tem uma tendência a jogar para ganhar, pergunte a si o motivo. Para você, o que significa ganhar ou perder? Então se questione: *Como seria jogar só para me divertir?*

Em um mundo que prioriza a felicidade, pode parecer contracultural priorizar o contentamento. Lembro bem que, quando li sobre contentamento pela primeira vez, uma parte de mim sentiu uma pontada de tristeza. *Isso significa que nunca vou sentir o barato do prazer?*, eu me perguntei. Espero que, ao fim deste capítulo, você saiba que não é isso que significa. Concentrar-se no contentamento é criar espaço para a alegria tanto quanto para os sentimentos desconfortáveis, para a comunidade e para nossos valores. É manter um estado de paz interior e satisfação que independe do que acontece a nossa volta. É saber lá no fundo que, mesmo que tudo dê errado, nossa estabilidade interior nos manterá de pé.

RESUMO DO CAPÍTULO

- Contentamento é uma "plenitude incondicional" baseada no "conhecimento do suficiente".
- Na vida precisamos tanto do contentamento quanto da felicidade, que são coisas diferentes. Permita que a felicidade venha e vá. Tentar se agarrar a um estado passageiro nos faz sofrer.
- As pessoas mais satisfeitas permitem a emodiversidade, vivenciando uma ampla gama de emoções.
- Construir uma vida em torno de nossos valores apoia o contentamento geral.
- Deixe a comparação e as expectativas de lado. Ambas reduzem seu contentamento.
- Estudos sugerem que uma comunidade alinhada contribui para uma sensação maior de contentamento e bem-estar. Escolha bem as pessoas a sua volta.
- Não se esqueça de brincar!

---

8. Opte por ações alinhadas

Quero uma vida grandiosa. Quero experimentar tudo. Quero quebrar toda regra que existe. Dizem que ambição é algo atraente em uma mulher. [...] Mas vocês sabem o que realmente não é atraente? Ficar esperando que algo aconteça. Olhar pela janela e pensar que a vida que você deveria estar vivendo se encontra lá fora, e não ter a iniciativa de abrir a porta para ir atrás dela, mesmo que alguém diga que você não pode fazer isso. Ser covarde só é fofo em O Mágico de Oz.

Maravilhosa Sra. Maisel[1]

Quando comecei a trabalhar como coach, meus únicos objetivos eram usar meus dons e alcançar o salário que ganhava com marketing. De início parecia impossível. Como poderia ter o mesmo rendimento que construíra ao longo de quase uma década? Eu tinha um único cliente, que conseguira por meio de networking. Então veio mais um. E mais um. A cada dia que passava eu chegava mais perto do meu sonho. E, em um ano, já estava ganhando o mesmo de antes.

Com isso outras coisas começaram a parecer possíveis, e eu me concentrei em contratar um assistente e pagá-lo bem. Feito. Depois me senti pronta para sedimentar contratos corporativos maiores, e fiz isso também. Então precisei de uma equipe maior, e montei uma. Quando vi, tinha um livro a escrever — e você já sabe no que isso deu.

O que quero dizer é que só é preciso dar um passo decidido e ambicioso de cada vez para transformar a vida em algo irreconhecível e simplesmente lindo. Dentro de você e a sua volta estão disponíveis as habilidades, o brilhantismo e a comunidade necessários para sair de uma situação inadequada rumo a um futuro incrível. A vida *é* injusta, *e* ainda assim podemos viver nossos sonhos mais desvairados. Ambas as coisas são verdade. Se meus clientes e eu conseguimos, você também consegue. Porque somos todos extraordinários.

Neste capítulo vamos explorar como estabelecer metas alinhadas com nossa ambição com propósito, metas que possam nos conduzir rumo a uma vida mais plena, e começar a adquirir os hábitos que ajudarão nesse processo. Deixaremos de lado o que deveríamos fazer e aquilo que costuma definir nossos objetivos, e nos permitiremos ser guiados por nossa verdade e nosso propósito. O primeiro passo é determinar se nossos objetivos são psicologicamente seguros e gentis, e se motivam uma ambição com propósito. Explicarei o que cada uma dessas coisas significa separadamente. Você está pronto para começar?

SEU OBJETIVO É PSICOLOGICAMENTE SEGURO?

Você se lembra desta imagem, de três capítulos atrás?

BASEADO NO MODELO DE ZONAS DE KARL ROHNKE

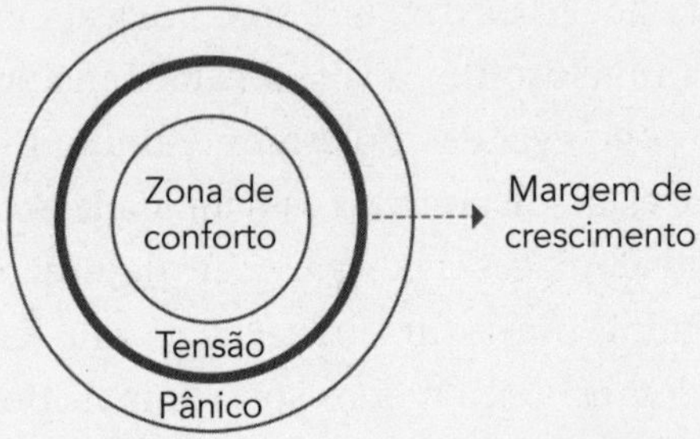

	Segurança psicológica	Responsabilidade
Conforto	Alta	Baixa
Tensão	Alta	Alta
Pânico	Baixa	Alta

Ela ilustra as três zonas em que operamos: a zona de conforto, onde nos sentimos seguros, mas não evoluímos; a zona de tensão, onde reside nossa margem de crescimento; e a zona de pânico, onde ultrapassamos a margem de crescimento e recaímos no medo, na ansiedade e às vezes no terror. Como aprendemos, queremos passar bastante tempo na zona de tensão, onde há um alto grau de responsabilização, para que de fato façamos o que dizemos que vamos fazer e onde há uma sensação de segurança psicológica significativa, para que nos sintamos prontos para correr riscos — o mais importante de tudo. Não precisamos viver nessa zona, entretanto. Coisas maravilhosas acontecem nela, porém a expansão constante não é sustentável. Pense no diagrama que apresentei na introdução, sobre a ambição ser como uma flor perene. Às vezes nossa ambição é a semente que cresce debaixo da terra. Ocasionalmente ela precisa de descanso e recuperação, o que lembra a zona de conforto. O crescer constante pode ser uma forma de ambição centrada na dor. No entanto, quando chega a hora de crescer, a segurança psicológica é um componente necessário do movimento saudável para a frente, e portanto essencial para preservar a ambição saudável.

A experiência da minha cliente Isla destaca por que a segurança psicológica é tão importante. Ela era uma executiva de recursos humanos em uma empresa alimentícia global e tinha passado os anos anteriores focada na aprendizagem e no desenvolvimento de sua vasta força de trabalho internacional. Aquilo a motivava. Tanto que havia um desejo de começar sua própria carreira como coach, ajudando pessoas em um momento de virada profissional. Em três meses montamos seu currículo, planejamos o que ela ofereceria e bolamos as estratégias de venda e de marketing — fizemos tudo o que ela precisava para começar seu negócio.

De início Isla havia planejado sair da empresa e começar imediatamente a trabalhar como coach. No entanto, quando chegou o momento de pedir demissão, ela se viu na zona de pânico. Aquele era um passo grande demais para seu sistema nervoso. O medo tomou conta de Isla, que não foi capaz de agir. Então pensamos em uma maneira mais psicologicamente segura de fazê-lo. Estabelecemos uma oferta mínima viável que permitiria que ela testasse a força de seu programa de coach enquanto mantinha o trabalho em tempo integral, e Isla abriu apenas três vagas para clientes, assim ela se sentiria segura para cometer erros e aprender com eles. Depois traçamos uma meta de rendimento e algumas métricas que, quando alcançadas, indicariam que era hora de Isla deixar o emprego para se dedicar totalmente a seu próprio negócio. Não me entenda mal: Isla ainda se questionava e se sentia despreparada às vezes. Nesses momentos ela vinha até mim em busca de apoio e responsabilização, e continuava dando um passo psicologicamente seguro por vez.

Trabalhei com um coach que dizia não oferecer segurança para ninguém. Entendo o que ele queria dizer: que seu trabalho era incentivar as pessoas a ser corajosas e fazer aquilo que as assustava — tal como eu atuo. No entanto, há um ponto ideal. Pode parecer impossível agir quando nosso corpo se encontra em estado de luta, fuga, congelamento ou falsa adulação. Ou evitamos o crescimento, sabotamos a nós mesmos, congelamos e não fazemos nada; ou voltamos a buscar nossa grandeza centrados na dor, porque é o que fazemos de melhor. A segurança psicológica, que significa nos sentirmos seguros em nosso corpo e em nosso sistema nervoso, é necessária para promover uma mudança duradoura.

SEU OBJETIVO É GENTIL?

A maioria de nós está acostumada a estabelecer objetivos específicos, mensuráveis, atingíveis e relevantes em um espaço de tempo determinado — o que ficou conhecido como método SMART. Esse sistema teve origem no artigo "There's a S.M.A.R.T. Way to Write Management's Goals and Objectives" [Existe uma maneira S.M.A.R.T. de escrever metas e objetivos de gestão], publicado por George Doran em 1981, mas desde então foi considerado inútil e até mesmo contraintuitivo.[2] Embora eu acredite que alguns desses pontos apoiem nossos objetivos, quero adicionar uma ideia a eles.

Com bastante frequência, quando estabelecemos metas, esquecemos de perguntar: *É gentil eu pedir isso a mim mesmo?* A ambição nos leva a buscar o que há de maior em nosso campo de visão, e nos esquecemos de verificar se isso está alinhado conosco e com a vida que queremos levar. Portanto sempre pergunto a meus clientes, no momento em que eles estabelecem metas: *Isso é gentil?* A palavra em inglês para "gentil", *kind*, tem raízes no inglês saxônico e no protogermânico, e seu significado originalmente é "natural" e "compassivo".[3] As metas que estabelecemos para nós mesmos são tão grandiosas que nos solicitam algo que não nos é natural? O esforço exigiria algo tão intenso que haveria uma ausência de compaixão? A conquista de nossos objetivos nunca deveria vir à custa de nós mesmos.

Alguns anos atrás, minha cliente Leila estabeleceu que faria seu negócio passar de 400 mil dólares anuais para 1 milhão. Quando nos sentamos para calcular o que precisaria acontecer para que o objetivo fosse atingido, o caminho não pareceu muito gentil. Como consultora, Leila cobrava em média 25 mil dólares por projeto. Quando fazia prospecção, sua taxa de sucesso era de 40%. Isso significa que ela precisaria de quarenta novos clientes, e portanto cem contatos, em um ano para atingir seu objetivo. Em geral ela fazia de quatro a cinco contatos por mês, número que precisaria ser dobrado. E o que não contei sobre Leila é que ela tinha acabado de receber o diagnóstico de uma doença autoimune e estava se divorciando.

Como coach, meu trabalho é segurar um espelho na frente do cliente. Não cabe a mim dizer à pessoa se sua meta é adequada ou não. Na verdade é de extrema importância que meus clientes decidam isso por conta própria, senão eles apenas vão terceirizar mais uma vez suas decisões e sua ambição. Depois que fizemos as contas e consideramos tudo que estava acontecendo na vida de Leila, perguntei: "Isso é gentil?". Ela começou a chorar na mesma hora. Tinha estabelecido a marca de 1 milhão de dólares porque acreditava que esse "deveria" ser seu próximo passo. O que realmente queria para aquele ano, no entanto, era cuidar de si mesma. Leila estava passando por muitas coisas na vida pessoal e queria dedicar mais tempo a si mesma, em vez de ficar fazendo contato com possíveis clientes. Ela ainda desejava aumentar seus rendimentos, porque isso contribuiria para investir em autocuidado, porém, quando viu o que precisaria fazer para atingir a marca de 1 milhão de dólares, percebeu que não se tratava de um objetivo saudável para aquele momento de vida.

A ideia de gentileza não vai necessariamente contra a ambição ou os objetivos. Quero que você tenha tudo o que deseja. Na verdade, com frequência incentivo clientes a pensar *grande*, a desejar *mais*, porque suas crenças limitantes fazem com que pensem pequeno e desejem pouco. Uma cliente me chama de "rainha do desvario", porque quero que ela sonhe alto. No entanto, a gentileza e a compaixão devem ser fatores determinantes para conquistar o que queremos. Leila não queria aquele 1 milhão de dólares se viria à custa de seu bem-estar e de sua saúde mental — não seria gentil, considerando o que acontecia no restante de sua vida. Então ela ajustou a meta para 600 mil dólares e estabeleceu o objetivo de cuidar muito bem de si mesma naquele ano, o que incluía contratar personal trainer, fazer terapia, comprar comida pronta e marcar um programa por semana com os amigos para se divertir, por exemplo fazendo aula de cerâmica ou de skate.

SEU OBJETIVO HONRA A AMBIÇÃO COM PROPÓSITO?

Na hora de estabelecer objetivos saudáveis, devemos nos certificar de que eles estão alinhados à ambição com propósito, em vez de vir da dor. Lembra da tabela do capítulo 1, com as diferenças entre ambição com propósito e ambição centrada na dor? Quando for refletir sobre seus objetivos, considere cada aspecto desses dois tipos de ambição e verifique se eles se alinham com quem você realmente é — ou se você os está buscando porque a sociedade acha que é o que deve fazer.

AMBIÇÃO COM PROPÓSITO: UMA RELAÇÃO CONSCIENTE COM A AMBIÇÃO	AMBIÇÃO CENTRADA NA DOR: UMA RELAÇÃO INCONSCIENTE COM A AMBIÇÃO
Questionamento dos sistemas que moldam nossa ambição. Em vez de ignorar os sistemas e as ideologias que nos moldaram, você os questiona. Você reconhece que o ponto de partida não é o mesmo para todos.	**Inconsciência dos sistemas que moldam nossa ambição.** Você ignora os sistemas que te moldaram e moldaram as pessoas a sua volta. Você acredita que todos têm oportunidades iguais de chegar aonde querem.

Mentalidade de crescimento. • Você percebe que cada oportunidade na vida é uma chance de crescer e que a perfeição é um mito. • Você questiona suas crenças limitantes. • Você lidera com vulnerabilidade e compaixão. • Você se concentra na abundância. • Você trabalha ativamente para se validar e se honrar. Você depende da validação interna.	**Mentalidade de escassez.** • Você teme o fracasso. Você é perfeccionista e não perdoa falhas em si ou nos outros. • Seu pensamento é dicotômico, do tipo "ou isto ou aquilo". • Você tende a viver com base em suas crenças limitantes. Você lidera com julgamento. • Você se concentra na escassez. • Você é motivado por uma necessidade de ser visto e ouvido pelos outros. Você depende da validação externa.
Motivação pelo propósito. Em vez de se concentrar em ganhar a qualquer custo, você deseja se conectar a um propósito, ter um impacto positivo, mudar o que não funciona. Você quer crescer de maneira integral. Você faz escolhas alinhadas.	**Motivação pela vitória, custe o que custar.** Seu desejo é vencer e ter sucesso só para ser aclamado, para ser amado. Você sente que precisa ser o melhor. O que leva você a buscar o sucesso são seus sentimentos de inadequação. Você faz escolhas com base em como supostamente deveria agir.
Foco na colaboração e no uso dos dons pessoais para ajudar o mundo. Você compreende seus dons e os utiliza para o bem maior, em vez de focar na competição. Você busca colaboração, diversidade, equidade e comunidade.	**Foco no individualismo e no acúmulo de poder.** Você foca no eu e quer brilhar individualmente. Você acredita que reconhecimento e recursos são artigos escassos, reservados a poucos eleitos, então procura acumular tudo para si.
Honrando as suas necessidades. Você mantém uma colaboração amorosa com sua mente e seu corpo. Você privilegia seu cuidado e o cuidado de sua comunidade. Você não se desumaniza.	**Desumanização de si e dos outros.** Você abusa de sua mente e de seu corpo para ficar à frente. Você se desumaniza e desumaniza os outros. Você se sacrifica.
Baseado no contentamento. Você aceita todas as emoções e experiências, concentra-se na equanimidade e rejeita a positividade tóxica.	**Promoção da positividade tóxica.** Você busca apenas a felicidade e evita ou nega emoções desafiadoras.

Ações alinhadas.	Urgência autoimposta.
• Você se move na velocidade da confiança. Você tem consciência de prazos e dependências, porém honra as pessoas e os processos necessários para realizar um grande trabalho. • Você prioriza a segurança psicológica, e não a velocidade ou o medo.	• Você se move em um ritmo insustentável para se provar e para provar sua eficiência. • Você age com base no medo, incitando o pânico em si e nos outros. Você é motivado por táticas baseadas no medo.

EXERCÍCIO

ESTABELEÇA OBJETIVOS PSICOLOGICAMENTE SEGUROS, GENTIS E CENTRADOS NO PROPÓSITO

1. Que objetivos você estabeleceu e atingiu no último ano? Planeje uma comemoração para si, por ter atingido esses objetivos.
2. Que objetivos você estabeleceu e não atingiu no último ano? Vamos aplicar uma mentalidade de crescimento a eles. O que aconteceu que fez com que você não os atingisse e o que você pode tirar de lição para levar adiante os objetivos deste ano?
3. Pense em objetivos de crescimento tentadores para este ano que também parecem gentis, considerando o contexto mais amplo de sua vida. Que tipo de objetivos você quer estabelecer?
4. Use a tabela a seguir para garantir que esses objetivos estejam alinhados com sua ambição com propósito e te apoiem.

ESTABELECIMENTO DE OBJETIVOS GENTIS

	OBJETIVO 1	OBJETIVO 2	OBJETIVO 3
É psicologicamente seguro?			
Estou me movendo na velocidade da confiança?			
É um objetivo que me faz crescer?			
Estou conectado a meu propósito?			
Estou usando meus dons únicos?			
Estou honrando minhas necessidades?			
Minha mentalidade é de crescimento?			
Isso honra meu contentamento?			

CRIANDO HÁBITOS SAUDÁVEIS

A melhor maneira de honrar um objetivo é transformá-lo em um hábito da ambição saudável. Hábitos são essenciais para atingir nossos objetivos. Eles instigam uma mudança gradual, levando-nos a promover e ritualizar ações na vida cotidiana, o que aumenta de maneira significativa a probabilidade de atingir nossos objetivos.

James Clear, autor do best-seller *Hábitos atômicos*,[4] tem algumas técnicas para garantir que os hábitos sejam mantidos — sempre visando os objetivos. Vamos explorá-las juntos.

CRIE UM SINAL

Sinais são catalisadores que dão início a um comportamento habitual. Na hora de estabelecê-los, precisamos nos certificar de que não há como passar despercebido por eles. Quando dei início ao hábito de trabalhar com reenquadramento de mentalidade diariamente, precisava de um sinal visível para me lembrar disso. Em casa tenho uma almofada de meditação em um canto do quarto, perto de uma lâmpada vermelha. Nessa época eu deixava minhas fichas em cima da almofada de meditação, como um sinal visual para me lembrar de trabalhar com elas depois de meditar. Você pode fazer algo parecido. Vamos dizer que queira escrever em seu diário toda manhã. Você pode criar um sinal deixando o diário ao lado da cama, para que seja a primeira coisa que veja ao acordar.

REDUZA O ATRITO

Para usar dicas de maneira mais consistente, precisamos reduzir o atrito tanto quanto possível. Ao longo da pandemia de covid-19, minha cliente Noah se cansou de cozinhar, um hábito que havia adquirido quando a rápida disseminação do vírus pela cidade de Nova York obrigara os restaurantes a fechar. Como alguém versada em bem-estar, ela tinha consciência da importância de fazer refeições saudáveis para a família. No entanto, um ano preparando três refeições por dia a deixara esgotada, e Noah simplesmente parara de cozinhar. Ela se deu conta de que, se quisesse manter o hábito familiar de comer saudável, precisava reduzir o atrito que a preparação envolvia. Então ela contratou um serviço de entrega de vegetais e proteínas prontos que poderiam ser combinados para montar as refeições. Assim Noah se livrou do tempo que dedicava a cozinhar sem que ela e sua família precisassem deixar de comer as coisas de que gostavam. (P.S.: Noah pôde fazer isso porque tinha dinheiro para tal. Dinheiro pode eliminar grande parte do atrito, e esse é um dos motivos pelos quais incentivo você a ter mais dinheiro.)

APROVEITE-SE DA TENTAÇÃO

Outra sugestão que Clear oferece e que utilizo com meus clientes é "empacotar a tentação" para tirar vantagem da dopamina, o neurotransmissor responsável pela motivação. A ideia é unir um hábito que amamos com outro de que não gostamos muito. Então se você adora sair todo dia para garantir sua dose diária de vitamina D e apoiar seu ritmo circadiano, mas não consegue se comprometer com a meditação diária, una os dois. Vá tomar um sol, como gosta, e faça uma meditação guiada pelo celular enquanto caminha.

COMEMORE SUAS VITÓRIAS

Celebrar nossos hábitos também nos ajuda a mantê-los. Como pessoas motivadas e bem-sucedidas, muitas vezes passamos diretamente ao próximo objetivo e nos esquecemos de parar por um momento para nos recompensar por tudo o que fizemos para chegar aonde estamos. No entanto isso ajuda, principalmente quando nossos objetivos envolvem recompensa diferida. Como os resultados costumam fugir do nosso controle, com frequência convido meus clientes a celebrar os hábitos que adquiriram e as ações que tomaram *para atingir* seus objetivos, e não apenas os objetivos alcançados.

Quando eu estava trabalhando com Leila, comemorávamos toda semana as ações consistentes que ela tomava em prol de seus 600 mil dólares ao ano. Às vezes ela se recompensava fazendo as unhas, às vezes separando cem dólares para sua poupança de viagens, às vezes com um jantar com amigos. As comemorações eram como a cereja do bolo do hábito e a motivavam a seguir em frente. Não celebrar nossas vitórias nos afasta do contentamento, porque focamos no futuro, o que pode nos dirigir inadvertidamente à ambição centrada na dor.

Você pode comemorar das seguintes maneiras:

- Fazendo um passeio legal: indo a um museu, a um show, jantando em um lugar diferente.
- Comprando flores para si mesmo.
- Fazendo ou comprando um bolo, com direito a velinhas.
- Recebendo seus amigos mais próximos e pedindo que todos compartilhem o que celebram em você.

DÊ UM PASSO POR VEZ

Outra maneira de criar hábitos duradouros é ir passo a passo. Com frequência complicamos as coisas desnecessariamente. Quando traçamos um objetivo, pensamos nas centenas de passos que isso envolve, em vez de nos concentrarmos no primeiro deles. Muitos fracassam de saída, porque seu foco está tão lá na frente que se esquecem de começar de onde estão.

Isso me lembra da série satírica *Unbreakable Kimmy Schmidt*. No começo da primeira temporada descobrimos que Kimmy foi mantida em cativeiro ao longo de anos pelo reverendo Richard Wayne Gary Wayne, líder da Igreja Assustadora do Apocalipse Assustador. Em um dos primeiros episódios, Kimmy explica como conseguia continuar girando uma manivela misteriosa que o reverendo dizia que ela e as outras mulheres presas não podiam parar de girar. "A gente suporta qualquer coisa por dez segundos, viu? Aí os dez segundos começam de novo. [...] Então, quer você esteja girando uma manivela pesada cujo propósito desconhece, quer esteja aguardando para abrir seus presentes, tudo o que precisa fazer é lidar com dez segundos por vez."[5]

Na série, a manivela é uma metáfora para a resistência das mulheres e a misoginia que elas são obrigadas a suportar diariamente, porém o que Kimmy diz é muito proveitoso: podemos fazer qualquer coisa por dez segundos. Gay Hendricks diz que podemos começar a honrar nossa zona da genialidade com meros dez minutos por dia. Kimmy começa com dez segundos. A lição, de qualquer modo, é: começar pequeno e trabalhar a partir daí.

HONRE SUA ENERGIA

Muitas vezes penso em como o mundo seria diferente se permitíssemos que as pessoas organizassem seu trabalho (e seus hábitos) a partir de sua energia única. Todos temos um cérebro e um corpo diferentes, o que significa que nem todos fomos projetados para trabalhar da mesma maneira e no mesmo ritmo. Quando nos forçamos a fazer isso, podemos deixar a bola cair ou nos machucar porque estamos *lutando* contra nossa energia, em vez de *fluir* com ela.

Vamos pegar o exemplo das pessoas com útero. Muitas de nós que produzem estrogênio têm um ritmo infradiano conhecido como ciclo menstrual. E, embora o ciclo menstrual em geral dure de 23 a 35 dias, seus hormônios se alteram diariamente, o que significa que quem está nesse ciclo vivencia níveis de energia, humores e respostas corporais diferentes dia a dia. É absurdo que esperem que sejamos capazes de produzir e contribuir na mesma medida diariamente, quando isso é impossível tanto do ponto de vista biológico quanto hormonal.

Vamos dizer, por exemplo, que você tenha se comprometido a fazer musculação cinco vezes por semana, porém na fase lútea do seu ciclo (a que antecede a menstruação) você fica tão exausta que musculação lhe faria mais mal que bem. Nesse caso, é preciso se adaptar — em vez de musculação, você pode fazer uma boa caminhada ou uma aula de ioga. Você não está inventando desculpas; está honrando seu corpo e seus objetivos ao mesmo tempo. Se precisamos manipular o corpo de maneiras impossíveis para atingir um resultado desejado, então se trata de um caso clássico de ambição centrada na dor.

De que forma isso se aplica no trabalho? Como alguém com duas doenças crônicas, preciso estar sintonizada com quando meu corpo está em seu funcionamento máximo e quando preciso tirar um cochilo para conduzir bem meu negócio. Também sei que meu raciocínio funciona melhor no começo da semana e pela manhã. Por isso as segundas-feiras costumam ser meus dias de CEO, quando faço a maior parte do trabalho estratégico e visionário — por exemplo, escrever artigos ou planejar cursos. Escrevi este livro principalmente às segundas e terças, começando a trabalhar logo cedo. Depois de um bom tempo de trabalho focado meu cérebro tendia a desacelerar, por volta das quatro da tarde, então eu aproveitava para responder a e-mails. Reservava as quartas e quintas para meu atendimento como coach, e às sextas, quando meu cérebro já está nas últimas, eu me concentrava em trabalhos mais leves ou resolvia pendências. No geral isso significava ouvir as versões editadas do meu podcast, ler e mandar e-mails, e organizar documentos para a contabilidade. Se eu me forçasse a escrever todo dia não iria a lugar nenhum, porque meu cérebro precisa parar e processar as coisas.

Você pode ser o tipo de pessoa que tem as melhores ideias quando o sol está se pondo. Ótimo! Organize seu trabalho em torno disso. Ou você pode ser do tipo que acorda cedo e aborda a parte mais intensa do trabalho antes mesmo que os outros se levantem. Excelente! Organize seu trabalho dessa forma.

Sempre que menciono essa ideia em oficinas alguém levanta a mão, e a pessoa comenta que sente que é impossível criar hábitos com tamanha agilidade quando grande parte de sua vida é governada pelos horários corporativos. Embora seja mais desafiador trabalhar dentro de uma estrutura pré-existente, não chega a ser impossível. Na verdade tenho muitos clientes que embutem liberdade à estrutura do trabalho corporativo. O truque é se concentrar nas partes sobre as quais você tem controle em sua programação e criar hábitos nelas. Por exemplo, meu cliente Liam era diretor de vendas de uma rede de TV mundial. Ele tinha uma equipe grande e sentia que não controlava muito seus horários. No entanto, quando olhamos juntos para sua agenda, vimos que a maior parte das reuniões com subordinados era realizada no horário da tarde. Então as concentramos nas tardes de segunda e terça e bloqueamos suas manhãs, para que ele pudesse realizar o trabalho mais estratégico nesse período. Ainda que nem toda semana fosse igual, porque ele viajava com frequência, Liam passou a ter um plano para 80% do seu tempo, o que permitia que seu trabalho o deixasse muito mais realizado.

RESPONSABILIZE-SE

Por último, quando se trata de criar um hábito saudável relacionado à ambição, assumir a responsabilidade é a chave. Quer você se responsabilize em relação a si mesmo por meio de um sistema de rastreamento ou da ajuda de um amigo ou coach, isso contribuirá muito para atingir seus objetivos. Lembre-se de que eles devem ser psicologicamente seguros *e* ser buscados com responsabilidade. Os marcadores a seguir podem ajudar você a acompanhar seus hábitos.

ACOMPANHANDO SEUS NOVOS HÁBITOS

	SEG	TER	QUA	QUI	SEX	SÁB	DOM
Hábito 1							
Hábito 2							
Hábito 3							
Hábito 4							
Hábito 5							
Hábito 6							

CHECKLIST SEMANAL DE SEUS NOVOS HÁBITOS

	HÁBITO 1	HÁBITO 2	HÁBITO 3
Honrei esse hábito?			
Reduzi o atrito?			
Quebrei-o em partes?			
Algo atrapalhou?			
O que posso fazer para facilitar o processo?			
Como celebrarei cada ação?			

FAZENDO AS PAZES COM O MEDO

Alguns anos atrás, ajudei minha cliente Imani a passar lentamente de uma carreira na contabilidade para o mundo da oratória. A mulher tinha um talento natural para a comunicação e queria explorar aquela área. Decidimos que uma maneira de baixo risco de seguir sua curiosidade sem se demitir do emprego seria iniciar uma turnê informal de palestras. Imani adorava se conectar, ter conversas profundas e significativas, e dizer aquilo que outros tinham medo de dizer. Tinha o dom do discurso improvisado, de modo que fazia sentido explorar isso. Nosso foco era em sua vivência como uma norte-americana negra que trabalhava como contadora na indústria corporativa, explorando por que conquistar tudo o que ela pensava que queria a deixara tão profundamente descontente.

Contemplando o mínimo viável para um pontapé inicial, construímos a história da marca e seu visual, definimos sua assinatura como palestrante e listamos seus palcos dos sonhos. Quando estava prestes a agendar os primeiros eventos, um medo paralisante tomou conta de Imani. Embora já fizesse três meses que estávamos trabalhando juntas, de repente ela ficou preocupada com o que sua mãe e seus amigos iam dizer. Imani se convenceu de que era uma péssima ideia e de que nem mesmo gostava de falar em público. Temia que se expor daquela maneira pudesse torná-la um alvo. Ouvi com atenção e lhe dei espaço para sentir cada medo que surgia. Imani gostava de compartilhar ideias e sua voz; estava animada com as perspectivas. No entanto, quanto mais o medo assumia o centro do palco, mais eclipsava seu entusiasmo inicial.

Você assistiu a *Indiana Jones e a última cruzada*? Nesse filme épico com Harrison Ford no auge, há uma cena icônica em que, para salvar a vida do pai, Jones precisa dar um salto de fé. Ele está à beira de um precipício e precisa chegar ao outro lado para salvar o pai. Quando olha para baixo, não vê nada além de uma queda aparentemente sem fim. Jones pensa no que fazer. Está morrendo de medo e sabe que não é capaz de chegar ao outro lado saltando. Então ele ouve os gritos de dor do pai e se dá conta de que sua única escolha é dar um passo à frente. Quando está se preparando, Jones tem uma epifania. "É um salto de fé", ele sussurra, então respira fundo e dá o primeiro passo, meio que esperando cair. Mas sabe o que acontece? No lugar da queda catastrófica, seu pé pousa em uma ponte. Jones cambaleia, surpreso. Era uma ilusão de óptica — o caminho sempre estivera ali.[6]

De muitas maneiras, deixar o conhecido e o familiar e se lançar a algo novo e mais alinhado é um salto de fé assustador. No entanto, com muita frequência, o caminho está lá. Quando ajudo clientes a passar de uma carreira escolhida pela ambição centrada na dor a uma profissão mais alinhada ao propósito, o medo é inevitável. Em geral ele vem quando já realizamos a maior parte do trabalho, já nomeamos e reivindicamos a direção em que queremos seguir e estamos prontos para fincar nossa bandeira em um lugar novo. Então o medo e o desconforto batem a nossa porta. *Você quer mesmo fazer o que está prestes a fazer?*, uma voz nos pergunta. *Você se sente digno disso? Talvez não tenha as habilidades necessárias e não seja o momento certo.* A voz do medo pode soar um pouco diferente, porém pretende fazer uma única coisa: manter-nos na zona de conforto.

Lembra quando me referi à sabotagem subconsciente como uma restauração da segurança? Às vezes ela é isso mesmo. Na hora de nos alçar ao próximo nível, o medo surge, porque nosso cérebro está programado para nos manter em segurança, e crescer pode ser assustador. Estudos recentes demonstraram que a sensação da dor emocional se equipara à sensação da dor física. Na verdade, através de ressonâncias magnéticas funcionais, um estudo descobriu que a sensação emocional da rejeição ativa áreas do cérebro responsáveis pelo sofrimento físico.[7] Em outras palavras, o medo pode parecer uma dor profunda no corpo. Não admira que criemos barreiras de proteção para nos manter em nossa zona de conforto.

Nosso medo não é toda a história. Sua vozinha protetora nos impede de viver nossos sonhos mais desvairados, caso a ouçamos. Na verdade, a maior parte de nossas emoções mais desafiadoras é uma expressão de medo. Quando sentimos inveja de alguém por algo que essa pessoa faz, é o medo nos dizendo que não podemos fazer o mesmo. Quando nossa ansiedade aponta que algo vai dar errado, é o medo nos dizendo que vamos nos machucar. Quando pensamos que estamos sendo práticos ou realistas, é o medo nos convencendo a desistir de nossos sonhos. A verdade é que todos temos medo. É absolutamente natural. No entanto, sentir medo não quer dizer que não podemos ser corajosos. Na verdade, sentir medo muitas vezes indica que estamos acessando nossas partes mais corajosas.

Dito isso, o medo pode ser útil, porque é uma informação. Ele aponta para uma emoção que precisa ser expressa, ou para uma necessidade que precisa ser abordada. O medo pode se disfarçar de preguiça, raiva, ansiedade e até mesmo depressão.[8] O objetivo não é ser corajoso e nunca sentir medo (não conheço ninguém assim), mas vivenciar o medo, compreender o que ele está sinalizando, identificar se há uma ameaça verdadeira ou apenas uma distorção e seguir em frente. O intuito do medo é sinalizar quando estamos em perigo. No entanto, a maior parte de nós não é perseguida por ursos na floresta. O que nos persegue são pensamentos fundados no medo e que muitas vezes não estão baseados em fatos. É claro que todos os sentimentos são válidos, sejam baseados em fatos ou não. No entanto, separar fato e ficção pode nos ajudar a avançar rumo à vida que realmente queremos, em vez de permanecer paralisados devido à história que o medo cria.

Nossos medos ainda podem ser amplificados pelo trauma, porque, como aprendemos no capítulo 2, o trauma impacta nossas crenças e experiências. Na verdade, estudos sugerem que o cérebro de crianças que passaram por um trauma muitas vezes é programado para o medo.[9] Embora trauma seja algo prevalente, e quase três quartos de nós vivenciem um evento traumático ao longo da vida, os mais marginalizados correm um risco maior: jovens racializados tendem a vivenciar mais traumas que seus pares brancos, jovens queer tendem a ter uma infância mais adversa que jovens heterossexuais, a incidência de transtorno do estresse pós-traumático é maior entre as mulheres que entre os homens, e pessoas com deficiência têm mais chances de sofrer abuso.[10] Como membros de grupos historicamente excluídos, nem sempre a questão é apenas passar por cima do medo, porque muitas vezes nosso corpo todo responde a ele. Essas respostas costumam estar relacionadas ao trauma e podem prejudicar nossa capacidade de seguir em frente.

Em seu famoso livro sobre a conexão entre mente e corpo, *O corpo guarda as marcas: Cérebro, mente e corpo na cura do trauma*, Bessel van der Kolk escreve: "A única maneira de mudar como sentimos é nos conscientizando de nossa experiência interna e aprendendo a fazer as pazes com o que ocorre dentro de nós".[11] (É importante apontar que Van der Kolk tem sido alvo de escrutínio pelo modo problemático como tratava funcionários e por falsificar dados. No entanto, muitas outras pesquisas reforçam essa ideia.) Tentar reprimir o medo, sufocá-lo com ações ou racionalizá-lo provavelmente não funcionará, porque o trauma está gravado em nosso corpo, e não podemos negar sua existência e seu impacto.

Quando Imani começou a compartilhar comigo seus medos relacionados ao lançamento da turnê de palestras, a primeira coisa que consideramos foi sua mentalidade. Logo se tornou aparente, no entanto, que havia um trauma operando. Seus pais haviam tido sucesso e se tornado conhecidos em sua cidade por conta de seus vários restaurantes. Então, devido a circunstâncias imprevistas, eles haviam perdido tudo. Como resultado, Imani tinha medo de reivindicar sua grandeza e ocupar espaço. O trauma estava gravado em seu corpo, e sempre que ela pensava em subir ao palco sentia a mesma coisa de quando assistira a seus pais perderem tudo o que haviam passado décadas construindo. Quando meus clientes passaram por um trauma e este se torna um obstáculo no caminho do que realmente desejam para a vida, recomendo uma intervenção terapêutica conhecida como EMDR, ou trabalho somático. Se a dor fica gravada em nosso corpo, trabalhar a mentalidade não mudará nada. E foi isso que Imani se dispôs a fazer.

A maior parte do que desejamos para crescer é algo que nunca vivenciamos. E novas experiências podem parecer inseguras a nosso corpo. Como nosso sistema nervoso é amplamente responsável pelo que sentimos e como nos comportamos, precisamos nos certificar de que ele sinta segurança para progredir. Embora eu tenha estudado o coaching relacionado ao trauma, não sou terapeuta, então quando meus clientes revelam ou apontam experiências traumáticas, costumo recomendar terapias especializadas nisso. Certas práticas podem ajudar a gerenciar os sintomas do trauma e lidar com sentimentos e sensações no momento. Com o tempo, podem nos oferecer as ferramentas necessárias para seguir em frente. No entanto, quando uma pessoa tem dificuldade de avançar, não é porque não consegue fazer algo tão difícil; provavelmente é porque algo difícil aconteceu com ela e ficou gravado em seu corpo e cérebro. Quando pessoas ambiciosas não conseguem seguir em frente, não é por falta de capacidade — em geral é por causa de um trauma que se embrenhou em suas células e em seu corpo, e que faz com que elas se sintam inseguras.

Às vezes, quando nosso medo se torna excessivo, começamos a usar filtros mentais ou distorções cognitivas que amplificam o lado negativo e apagam o lado positivo das situações.

Por exemplo, a realidade é que vivemos em uma época que induz ao medo, e muitos de nossos temores são legítimos. No entanto, é preciso verificar se não estamos vivendo uma distorção em certas áreas e se podemos nos livrar de alguns medos com o intuito de tornar nossa vivência um pouco menos ansiosa. Eis alguns filtros mentais comuns definidos por práticas da terapia cognitivo-comportamental:

Catastrofização.
Você acredita automaticamente que o pior vai acontecer. Por exemplo, o pensamento catastrófico diz que se você não tiver retorno rápido de um recrutador sobre um trabalho que queria é porque te odiaram e você nunca mais vai conseguir outro trabalho. Isso é muito comum, principalmente em um momento tão política e economicamente desafiador como este. No entanto, também alimenta medos irracionais. Historicamente o pior cenário possível já ocorreu, mas raras vezes.

Generalização.
A lente da realidade é distorcida, e passamos a acreditar que se algo aconteceu uma vez, certamente acontecerá de novo. Aqui as crenças não precisam ser pessoais. Algo que vimos na TV ou que ficamos sabendo por outra pessoa também pode reforçar essas crenças. Por exemplo, você pode achar que toda vez que fizer uma apresentação para o CEO da empresa ele vai identificar furos. Se isso aconteceu na apresentação de seus colegas, então deve acontecer sempre.

Superstição.

Achamos que algo ruim vai acontecer se fizermos determinada escolha, mesmo que não esteja relacionada de maneira alguma à questão. Superstições podem ser perpetuadas por ideologias culturais, e alimentam medos irracionais e ansiedade. Por exemplo, você precisa bater na madeira quando alguém diz que você vai ser promovido, ou isso não vai acontecer de fato.

Às vezes podemos nem ter consciência de um filtro mental até que alguém o aponte. Como árabe e muçulmana, internalizei ideias fortes relacionadas ao mau-olhado. Em casa acreditávamos que a inveja alheia podia atrair males e infortúnios. Na verdade, meu pai achava que o diagnóstico de diabetes tipo 1 da minha irmã era consequência de mau-olhado — mesmo ele sendo médico. Meu pai costumava dizer para minhas irmãs e eu escondermos nosso cabelo com um rabo de cavalo, para que as pessoas não ficassem com inveja e não fôssemos alvo de mau-olhado. Sua crença era tão profunda, que, quando me envolvi em um acidente de carro aos dezessete anos, a primeira coisa que pensei foi "Estou viva, graças a Deus", mas a segunda foi "Só pode ter sido mau-olhado" (e não o fato de que eu estava mexendo nos meus CDs da Mariah Carey em vez de me concentrar na rua).

Eu levava essa crença comigo aonde quer que fosse. Usava roupas bonitas, mas não bonitas demais, porque as pessoas podiam ficar com inveja. Compartilhava minhas conquistas, porém não as mais importantes, porque poderia me tornar um alvo. A superstição está presente em muitas culturas e pode nos levar a uma vida distorcida. Como se trata de uma convicção reforçada por nossa família e pela sociedade, é difícil nos livrarmos dela.

Anos atrás, expliquei à coach de mentalidade com quem estava trabalhando na época sobre o mau-olhado e como ele havia arruinado ou poderia vir a arruinar minha vida. Nunca vou esquecer a cara que ela fez. Também percebi na hora que ela nunca havia tido contato com a ideia de *jinn*. Contei uma história após a outra sobre como o mau-olhado havia me prejudicado, desde o acidente de carro até minha doença autoimune, a perda do meu colar preferido e minha queda de cabelo. Ela ouviu com paciência e respeito, depois disse, um pouco seca: "Você sabe que é tudo superstição, né?". E me perguntou: "Que explicações plausíveis você pode dar para esses eventos, sem o envolvimento de entidades malignas?".

Em uma sessão comecei a ver que talvez as pessoas não estivessem querendo me derrubar. Talvez eu não devesse estar com o álbum *Butterfly*, da Mariah, na mão enquanto dirigia. Talvez os genes, o ambiente e as crenças estivessem mais relacionados com minha doença que o mau-olhado. Meu colar era velho e já estava bem desgastado. E todo mundo sabe que queda de cabelo é um sintoma da tireoidite de Hashimoto. No entanto, até que minha coach servisse como um espelho dessas ideias, eu vivia com medo do mau-olhado, um medo que era muito real para mim.

Talvez você, como eu, sustente alguma superstição, ou se sinta como Imani e pise no freio pouco antes da linha de chegada. Todos tivemos momentos em que permitimos que o medo ou nossos filtros mentais assumissem o controle e atrapalhassem nossa vida. Para começar a desapegar, precisamos identificar as maneiras como nossas histórias envolvendo medo podem nos impedir de ter a vida que gostaríamos de ter.

EXERCÍCIO
IDENTIFIQUE SUAS HISTÓRIAS RELACIONADAS AO MEDO

1. Pergunte-se: "Quando se trata de meu próximo nível de expressão, do que tenho medo agora?". Faça uma lista, escreva uma história, aponte tudo o que te leva a ter medo. Não deixe nada de fora. Esse é o momento de colocar tudo para fora, sem julgamento.
2. Verifique onde você possa estar usando um filtro mental, como catastrofização, generalização ou superstição.
3. Separe os medos que listou em três colunas: os mais improváveis, os que têm alguma chance de acontecer e os mais prováveis.
4. Bole um plano de ação para o caso de seus medos mais prováveis realmente acontecerem. O que podemos fazer para diminuir seu impacto? Qual seria um possível plano B? Escolha o medo mais forte em você e responda às três perguntas a seguir:

    - O que posso fazer para impedir que se concretize?
    - O que posso fazer para reduzir seu impacto?
    - Qual é o plano no pior dos casos?

5. Podemos deixar nossas histórias relacionadas ao medo de lado com ações integradas. Que ações você tomará para se afastar do medo e das distorções cognitivas e se aproximar da integridade?
6. Liste seus pontos fortes e como sua coragem mais se revela, convidando seu cérebro a acreditar em sua resiliência e força, inclusive nos momentos mais difíceis. Este exercício serve para lembrar que mesmo nessas situações você é capaz. Leia sua lista todo dia (junto com sua lista de dons).

CRIANDO ESTABILIDADE INTERNA

Em boa parte do tempo, quando meu trabalho com um cliente está concentrado em sua carreira, em seu propósito ou em uma virada ambiciosa, grandes mudanças podem parecer muito assustadoras, por razões financeiras ou mesmo de segurança pessoal. Mulheres (e membros de outros grupos historicamente excluídos) sofrem consequências muito reais, que com frequência impactam a capacidade de crescer. Estudos demonstram que mulheres têm uma probabilidade muito maior de encarar consequências negativas ao se arriscar, enquanto homens colhem resultados muito mais positivos.[12] Então como seguir em frente mesmo com medo?

Quando partimos de uma posição de integridade e queremos fazer algo grandioso, precisamos cultivar estabilidade interna através de uma "energia despreocupada". Temos essa energia quando sabemos quem somos em um nível profundo e criamos estabilidade interna o bastante para que, quando coisas desfavoráveis acontecerem, nosso senso de si permaneça inabalável. Você quer tomar posse de seus dons plenamente e trazer à tona o que tem de melhor o tempo todo, não é? Isso exige muito. E me lembra de um dos meus trechos preferidos do livro *O coelhinho de veludo*. O coelho pergunta ao cavalo o que significa ser real. E o cavalo responde, de maneira comovente:

> Leva muito tempo. É por isso que não acontece com frequência com brinquedos que quebram fácil, ou que são muito pontudos, ou que precisam ser guardados com cuidado. Geralmente, quando você é de verdade, a maior parte do seu pelo já se gastou de tanto amor, os olhos caíram, e as costuras lacearam. Mas nada disso importa, continua o cavalo, porque

"quando você é de verdade, você não pode ser feio, a não ser para as pessoas que não entendem".[13]

Algo acontece quando nos tornamos reais, quando nos alinhamos com uma versão mais íntegra de nossa ambição e substituímos a vida baseada no desempenho pela vida baseada no propósito. Amizades se transformam, pessoas se distanciam, porém as que permanecem são aquelas capazes de ver e apoiar sua grandeza. Muitos dos meus clientes temem esse momento, o que costuma atrapalhar o crescimento deles. No entanto, a perda dos que se afastam é pouco significativa em comparação com o que e com quem se ganha. Aqueles que não se juntam a nós na jornada acham que nosso crescimento é feio. Na minha visão, nada pode ser mais bonito que nossa humanidade se desdobrando. Então vamos ser amorosos com essas pessoas e deixar que partam.

Muitos de nós barramos o próprio crescimento porque temos medo de fracassar e ser julgados, porém a verdade é que seremos julgados de qualquer maneira. Ficamos preocupados com o que nossos pais ou desconhecidos na internet vão dizer. Mas podemos nos comportar à perfeição, sem nunca nos expressar, permanecendo em nosso cantinho, *e ainda assim ser julgados*, então seja você mesmo! O julgamento das outras pessoas tem mais a ver com elas e com o que não conseguem expressar do que com você — é uma questão delas, e não sua. É uma projeção delas. Quando você se sentir mais imune à opinião alheia, sofrerá menos. É claro que se trata de algo bastante desafiador — somos todos obras em andamento e ainda estamos tentando descobrir como fazer isso por nós mesmos. No entanto, como eu disse, quer você ocupe espaço ou não, as pessoas vão ter uma opinião a seu respeito. Então é melhor ser o mais você possível. Seja o personagem principal de sua vida. Personagens principais manifestam energia de personagens principais, independentemente de onde se encontram ou das circunstâncias. Você é sua maior fonte de estabilidade. O mundo a nossa volta sempre colocará obstáculos no caminho — essa é a natureza da vida. Porém, com uma base interna sólida, teremos o poder de fazer o extraordinário. E sua devoção inabalável a ser a própria versão brilhante e enraizada iluminará o caminho para os outros.

EXERCÍCIO
CULTIVE A ESTABILIDADE E A ENERGIA DE UM PERSONAGEM PRINCIPAL

1. Em um caderno, desenhe duas colunas. Em cima da primeira, escreva: "eu". Em cima da segunda, escreva: "não eu".
2. Na coluna "eu", liste todos os seus atributos internos. Quem você era quando veio para o planeta Terra, antes que o mundo projetasse ideias sobre você? Pense no seu eu perfeito da infância. Que qualidades ele incorporava claramente?
3. Na coluna "não eu", liste todas as maneiras como seu eu temeroso, guiado pela ansiedade, centrado no julgamento e na dor, manifesta-se.
4. Ao longo da semana, fique atento a onde e como você acessa sua energia "eu" e sua energia "não eu".
5. Quando você perceber que está na energia "não eu", use a ferramenta do mapeamento corporal do capítulo 6 para regular seu sistema nervoso e retornar à energia do "eu". É assim que criamos estabilidade interna.

Lembre-se: você não tem como se livrar do medo e dos obstáculos. No entanto, nossa resposta nunca deveria ser renunciar a nossa ambição ou se isentar de tomar ações alinhadas por temer as repercussões. Nossa resposta deve ser criar estabilidade interna, invocar nossas comunidades e reunir nossos aliados para uma marcha confiante rumo à vida maravilhosa que merecemos.

RESUMO DO CAPÍTULO

- Para optar por ações alinhadas, seus objetivos devem ser gentis e psicologicamente seguros.
- Crie hábitos saudáveis por meio de dicas, aproveitando-se da tentação e reduzindo o atrito.
- Dê um passo por vez e honre sua energia única.
- O medo sempre estará presente, principalmente quando se tratar de ações grandiosas. Use o exercício envolvendo suas histórias baseadas no medo para fazer as pazes com ele.
- Você é o personagem principal de sua vida, então viva de acordo com isso.
- Crie estabilidade interna trabalhando com seu sistema nervoso.

Conclusão

Quando sair para o mundo, pronto para contribuir com seu brilhantismo de maneira ainda mais grandiosa, quero que você se lembre disto: a ambição está a seu alcance. Ela terá uma cara diferente da que você viu no mundo, porque muito do que nos mostram é bastante disfuncional e até mesmo prejudicial, principalmente àqueles de nós que vêm de comunidades marginalizadas. Se suas ideias ambiciosas diferirem da norma, ótimo — deve ser assim mesmo. Quero convidar você a dedicar sua ambição com propósito a algo realmente revolucionário. Afinal, para desmantelar o racismo, o patriarcado e o capacitismo, e nos curar do capitalismo tardio, nossa contribuição calcada no propósito precisa ser profunda.

Após a leitura deste livro seus objetivos podem ter mudado, ou talvez os motivos que os justificam tenham sido alterados. Você pode ter aberto este livro à procura de dicas para conseguir uma promoção, porque queria ser a primeira pessoa com sua identidade a se tornar sócia da empresa em que trabalha, porém com o passar dos capítulos se deu conta de que esse não é o seu sonho. Talvez você tenha folheado este volume em busca de maneiras de ter mais poder no trabalho, mas então se deu conta de que o empreendedorismo lhe possibilitaria gerar um impacto maior. Para reimaginar nossa vida e escolher objetivos que se alinham com uma ambição saudável, não precisamos forçar nada. Sua jornada envolve escolher ações alinhadas todos os dias, ações que aproximem você daquilo que lhe parece verdadeiro.

Há muito talento, ardor e brilhantismo dentro de você. Você se sustenta sobre os ombros de seus ancestrais, de seus mentores e das pessoas que te amaram. Sim, as pessoas realizando este trabalho passaram por dificuldades, talvez até mais que a maioria. No entanto, não deixaremos que tenha sido em vão. Quero que você use qualquer resistência como combustível, como fogo, como uma abertura para criar um mundo radicalmente diferente.

Nossa jornada se aproxima do fim. Quero que você continue mirando alto e se lembre de algumas ideias importantes para honrar sua ambição com propósito.

CONTINUE SE DESENVOLVENDO

Um dos momentos mais difíceis que enfrentei na carreira foi alguns anos atrás, quando estava escrevendo este livro. Eu vinha tocando meu negócio como sempre quando do nada as coisas pararam de funcionar. Minhas táticas testadas e aprovadas não tinham efeito. Eu me debati um pouco, revisitei todas as minhas estruturas e falei com terapeutas, outros coachs e amigos. Sabe o que todos me disseram? *Anima, você está pensando pequeno. Já passou por tudo isso. O que vem a seguir? Essa é a questão.*

De fora aquilo não parecia inteiramente verdade. Eu havia feito algumas jogadas ousadas, havia me arriscado. Tinha um contrato para escrever um livro para uma das maiores editoras do mundo, pelo amor de Deus! No entanto, olhando mais de perto, percebi que eles estavam certos. Eu havia conquistado muitas coisas que me propusera a fazer. Porém repousava sobre os louros da vitória e chamava isso de contentamento quando, no fundo, tinha um desejo de continuar me desenvolvendo. Em meu esforço para não me tornar um monstro da ambição, eu me tornara algo que tampouco me era apropriado: complacente.

Que isso seja um lembrete para continuarmos nos desenvolvendo. Às vezes chegamos a um ponto em que desejávamos profundamente chegar e ficamos desfrutando da vista por tanto tempo que esquecemos a vozinha dentro de nós que diz: *Posso contribuir com mais.* E porque já é extraordinário que nós, membros de grupos sub-reconhecidos, tenhamos chegado tão longe, às vezes somos levados a acreditar que é suficiente. Ou talvez pensemos que nosso crescimento já está concluído. Enquanto tivermos ar nos pulmões, devemos continuar nos desenvolvendo. Permita-se seguir na jornada rumo a sua constelação dia após dia. Permita-se ser a pessoa mais brilhante da sala. Permita que sua alma continue falando.

Se você desse voz a sua alma, se deixasse ela apontar o próximo degrau da sua ambição com propósito, o que ela diria?

RENDA-SE AO SEU CRESCIMENTO

Agora que nos expandimos um pouco mais, vamos... nos render completamente. Talvez sua reação a isso seja: *QUÊ? Amina, sou do tipo que faz as coisas acontecerem. Não me rendo!*

Eu te entendo, porque já *fui* você.

Muitos de nós usamos os próprios objetivos como um veículo para controlar a vida. No entanto, para alcançar o nível seguinte, é preciso um elemento de fé, de entrega, uma receptividade tranquila. Render-se não é agitar uma bandeira branca, tampouco desistir; é não resistir. Render-se não envolve interromper uma ação. Envolve uma mudança de mentalidade, no sentido de fé plena em um poder superior, que também se manifesta na ação. Envolve a ideia de que todos os nossos passos podem estar alinhados, e ainda assim as coisas não saírem como desejamos. E tudo bem — a vida é assim, e isso nos servirá de informação. Quando paramos de lutar pelo controle e começamos a fluir, nossa experiência se torna amplamente diferente. A magia acontece na fluidez entre a energia passiva e a exercida. O excesso de uma e a falta de outra desequilibra nossos esforços. Energia passiva demais pode nos deixar ociosos, enquanto energia exercida demais pode nos tornar destrutivos. Encontre essa harmonia e, por si só, isso já será bem radical.

Vale a pena apontar que às vezes a ideia de rendição é usada em comunidades espirituais de uma maneira que desestimula o pensamento crítico — como uma forma de fuga espiritual. Todos provavelmente já estivemos em uma conversa em que nos foi dito para "deixar nas mãos de Deus" ou do universo, de uma maneira que parecia tirar nosso poder e nosso gerenciamento. O que estou dizendo não é isso. Devemos nos render ao resultado sem deixar de usar nossa sabedoria interna e nossa atuação a cada passo do caminho.

APOIE-SE NA FÉ

Depois que nos rendemos ao que será, a fé se torna o melhor lugar de descanso. Quando uso a palavra "fé", as pessoas têm uma espécie de reação alérgica a ela. Porém não falo em fé no contexto especificamente religioso. Não sou uma pessoa religiosa. Fui criada em um lar muçulmano, porém ao crescer me dei conta de que meu relacionamento com o divino era profundamente pessoal. Na minha opinião, a fé não tem a ver com uma religião específica, mas com confiar no conhecimento de que uma força maior nos apoia e está sempre trabalhando por isso. A fé nos pede que aceitemos algo não com base na racionalidade, mas na confiança.

Fé é confiar na energia que faz as flores crescerem, que faz a Terra girar no eixo, que nos trouxe para este planeta. Ter fé é acreditar em uma ideia visionária, é confiar que um poder maior sabe o que está fazendo conosco e por nós, mesmo quando as coisas parecem estar dando errado. Nossa tentativa de controlar essa energia só a atrapalha. Sem fé, forçamos o que não cabe a nós forçar.

Nem sempre me foi fácil acessar a fé. Logo depois da minha crise de saúde fiquei com raiva de Deus, do universo, da força superior — ou de como você quiser chamar isso. Passei por tantas dificuldades que estava certa de que o universo havia se esquecido de mim, ou andava ocupado demais para me apoiar. (Você se identifica com essa sensação?) No entanto, contar para mim mesma a história de que eu estava sozinha só perpetuava os sentimentos difíceis.

Um dia eu me sentei com meu coach, que havia sido monge vixenuísta, e lamentei os desafios do dia. Falei por uns dez minutos, sem que ele me interrompesse. Depois do que me pareceu um silêncio eterno, ele perguntou: "E se *isso* for Deus?". E em seguida: "E se cada desafio que você enfrentou, e o fato de que superou todos, for Deus?". Depois de mais um longo intervalo, ele completou: "O desafio *também* é um presente divino".

Pensei a respeito por um longo tempo. Escrevi no diário a respeito. Meditei a respeito. Falei a respeito, e acabei chegando à conclusão de que ele estava certo. Se eu não tivesse sido criada como fui, não me apresentaria ao mundo como me apresentava. Se eu não me apresentasse ao mundo como me apresentava, não teria quase literalmente me matado de trabalhar. Se eu não tivesse quase literalmente me matado de trabalhar, não teria buscado as ferramentas para mudar minha vida. Se eu não tivesse buscado as ferramentas para mudar minha vida, não teria me tornado coach. Se eu não tivesse me tornado coach, não estaria escrevendo este livro, dando palestras nem treinando líderes. Os desafios foram um presente.

Às vezes eu gostaria que a vida fosse menos desafiadora, claro. E sei que você pensa o mesmo. Por outro lado, no fundo sei que os maiores desafios abriram espaço para as lições mais profundas, e não os trocaria por nada. Até hoje, sempre que me pego em situações desconfortáveis e dispendiosas, pergunto a mim mesma: *E se for Deus?* Sei que isso pode parecer positividade tóxica — a ideia de que tudo, não importa quão terrível, nos serve de alguma maneira. Certas coisas são apenas péssimas e não fazem sentido. No entanto, no meu caso, a ideia de que Deus cuida de mim e de que há um lado bom em tudo isso contribuiu mais para meu descanso do que acreditar que fui abandonada. Reconheço os sentimentos *e* me apoio na fé.

Reconheço inclusive, ou talvez especialmente, o luto.

Em 4 de novembro de 2018, meu avô materno, que eu via como uma figura paterna, faleceu. Ele teve um câncer de próstata que se espalhou pelo corpo, e em suas últimas semanas atingiu o cérebro. Dizer que o amava seria absurdamente pouco. Meu avô tinha os pés no chão, era inacreditavelmente bondoso, inteligente, amava minhas irmãs e a mim incondicionalmente e representava minha estabilidade no mundo. A casa dos meus avós era o único lugar que eu reconhecia como lar, porque havia mudado dezenas de vezes na infância. Não importava o que acontecesse — eu sempre podia contar com ele. Para mim, meu avô era Deus em pessoa. Quando ele morreu, fiquei um pouco perdida. Arrasada. Acho que passei seis meses chorando todo dia. Eu sentia pontadas tão fortes no coração, e com tanta frequência, que acabei decidindo que era hora de conhecer aquele sentimento que vivia em mim, como um parasita. Vivi meu luto tão profundamente que ele se tornou um corpo de trabalho à parte.

O luto é universal, e nós o vivenciamos onde quer que nos permitamos. Há luto em deixar um trabalho, em se mudar de cidade, em perder uma pessoa amada, em não conseguir comprar a casa dos sonhos, em ver um empreendimento se desdobrar de maneira muito diferente da imaginada. O luto está em toda parte. Se eu não tivesse vivido o meu tão intensamente, não poderia ensinar a respeito. Para mim o luto foi um portal que me aproximou de Deus e do meu trabalho. Aceitar que um dos momentos mais difíceis da minha vida também representou uma das aberturas mais profundas é como eu vejo a fé.

CULTIVE DEVOÇÃO

Nas linhagens espirituais que estudei, fala-se muito de devoção. Devoção ao trabalho, à mudança, à cura, a nossas práticas. Quando explorei as origens da palavra "devoção", algo se cristalizou para mim. Devoção vem do latim *devovere*, que significa consagrar, ou seja, dedicar-se a um propósito divino.[1] Não é lindo? Antes de encerrarmos nosso trabalho juntos, quero fazer a seguinte pergunta: a que você se devotará ao seguir seu caminho?

Muitas das organizações empresariais e relacionadas a carreira de que participei falavam incessantemente em disciplina. Ouvimos histórias sobre como os mais disciplinados "vencerão", sobre como podemos nos tornar mais disciplinados. A disciplina é apresentada como o padrão-ouro. Mas quando nos debruçamos sobre sua definição, constatamos que consiste na "prática de treinar as pessoas a obedecer às regras ou a um código de comportamento", o que sempre me pareceu uma violação de minha verdadeira natureza. E se em vez de nos disciplinarmos a observar um conjunto de regras e comportamentos nos permitíssemos ser "discípulos" (palavra que tem a mesma raiz)? E se em vez de nos forçarmos a seguir códigos que provavelmente não foram pensados para apoiar pessoas como nós, nos comprometêssemos a ser estudantes dedicados do nosso propósito divino? O papel de discípulo, na minha opinião, é um dos mais belos que há, porque levanta a pergunta: *A que somos devotados?* Se todos nós devotássemos a vida a expressar nosso propósito divino, o mundo seria um lugar maravilhoso.

Vamos explorar nossa devoção juntos. Devemos ser mais devotados à missão de mudar o mundo que a nossas dúvidas. Devemos ser mais devotados a nossa fé que a nossas crenças limitantes. Devemos ser mais devotados a ajudar a nós mesmos e aos outros que a nossa dor. Devemos ser mais devotados a nossa cura que aos sistemas que nos causaram danos e trauma. Permita que sua devoção ilumine o caminho.

O que eu quero para você, mais do que qualquer outra coisa, é que coloque sua ambição com propósito a serviço da vida que deseja. Mais do que nunca o mundo precisa de pessoas que se parecem conosco e que se identificam como nós nos identificamos definindo o que significa incorporar o poder de maneira que sirva a todos e ao planeta. Como membros de grupos historicamente excluídos, estar alinhados e levar uma vida com propósito é um ato de resistência que cria o próximo nível de transformação do mundo. Quando mantemos o tipo de relação certa com a ambição, com o sucesso e com nosso propósito, estamos fazendo mais do que apenas nos alinhar com nossa alma. Estamos honrando nossa linhagem, consertando sistemas corrompidos e transformando a cultura.

Contamos com as ferramentas de que precisamos e estamos equipados para enfrentar este mundo injusto com a cabeça erguida, motivados por nossos sonhos. Se queremos vivenciar uma realidade diferente, precisamos escolher um caminho diferente. Isso significa recorrer a todo o trabalho que realizamos até agora e mirar em algo que realmente mude o jogo.

Este livro foi pensado para elevar seu modo de ser, e assim elevar seu trabalho e sua vida como um todo. Com frequência há um momento na vida em que nos perguntamos se atingimos o teto — porque parece que fizemos tudo o que podíamos com as ferramentas que tínhamos e não conseguimos ascender ao próximo nível. A verdade é: nunca chegaremos a um resultado diferente com as mesmas crenças, o mesmo pensamento e os mesmos métodos que nos trouxeram até aqui. Precisamos de uma mudança de paradigma — algo para o qual nos preparamos ao longo deste livro. Acredito que há momentos em que precisamos crescer de forma gradual, e outros em que precisamos dar um salto para experimentar um crescimento radical. Se você estiver pronto para colocar todo esse trabalho em prática, quero convidá-lo a adentrar a conversa do crescimento radical.

A beleza do crescimento radical é que ele exige que nos arrisquemos por aquilo que pensávamos que não era para nós. É pedir um aumento ou uma promoção radical; candidatar-se a uma vaga que pode trazer uma mudança radical; mudar-se para uma cidade que pode trazer uma felicidade radical; mudar radicalmente seus relacionamentos; promover um descanso radical. O crescimento radical muda o jogo.

CORRA ATRÁS DOS SEUS SONHOS

Você merece tudo o que deseja no mundo, ainda que a sociedade (e às vezes a própria mente) reforce o contrário ao infinito. Espero que agora que chegamos ao fim do livro você consiga enxergar que tudo isso é besteira. Se o sonho é seu, então é para você. Sim, alguns contam com mais vento a favor que outros, porém desejar é para todos. E, quanto mais ações corajosas tomamos em prol desse desejo, mais convidamos outros que se parecem e se identificam conosco a fazer o mesmo. Quanto mais pessoas empoderadas de grupos historicamente excluídos tivermos no mundo, menos opressão haverá. Quanto menos opressão houver, mais a paz será possível. Este é nosso momento de brilhar. Faz tempo que vem sendo preparado, e pretendo desfrutar dele com todos vocês.

A única armadilha seria acreditar que nossos sonhos ambiciosos não são possíveis para nós. E eu me recuso a deixar que qualquer um caia nela.

Agradecimentos

Escrever um livro é um portal para uma versão nova de você. Eu nunca, nem em um milhão de anos, teria conseguido transcender esse limiar sem o grupo impressionante de pessoas que me conduziu até ele. Seria quase impossível listar todos que deram vida a este livro, por isso agradeço de coração aos professores, grupos comunitários, mentores, colegas e amigos que me moldaram e moldaram este trabalho. Reverencio a todos vocês.

A cada um dos meus clientes: amo vocês. Obrigada por dizerem sim a sua própria transformação e a uma vida maior e mais bonita. Obrigada por confiarem seu crescimento a mim — é um enorme privilégio estar a seu lado em sua escolha audaciosa e magnífica em prol de si mesmos. Não há trabalho maior e mais corajoso que esse.

A você, meu caro leitor. Obrigada por ter chegado até aqui. E obrigada por ter escolhido este livro — isso já é um ato de valor e uma aposta ousada em seus sonhos. Espero que este trabalho esteja à altura.

A Nitika, minha melhor amiga, animadora de torcida e *pataki* destemida. Obrigada por me ouvir enquanto eu me alternava entre a beleza e a dor. Obrigada por me ajudar a carregar esse fardo quando me parecia pesado demais fazê-lo sozinha. Obrigada por ensinar todos nós a lidar com as coisas difíceis para chegar às coisas boas. Você é realmente única, e eu torço para que todo mundo encontre uma irmã de alma tão sem noção, sem limites e sem vergonha.

Ericka e Stephanie, agradeço do fundo do coração por ME VER e por ver este trabalho, e por saber que havia algo aqui. Obrigada por contribuir para este projeto com seu brilhantismo e por torná-lo o que ele é. Ericka, sua personalidade capricorniana e sua clareza profunda trouxeram uma energia de irmã mais velha muito necessária e que resolve tudo. Serei eternamente grata por quem você é neste mundo e por quem foi para mim. Vamos repetir a dose um dia. ☺

Porochista, você foi uma guardiã *destemida* deste trabalho. Obrigada por ter sustentado não só minha integridade, mas também a deste livro. Seu olhar, seu talento para a palavra escrita e seu amor pelo mundo transformaram este projeto no trabalho cheio de nuances que ele é. Obrigada por existir e por se juntar a mim nessa jornada.

Nina, o que posso dizer? Bastaram dois minutos de reunião para que eu soubesse que queria que você cuidasse do meu livro. Você é a personificação da sabedoria e da graça, e está mudando a indústria a cada publicação. A maior honra da minha vida foi você ter dito sim para *Ambição com propósito*. Que presente ter podido recorrer a você e contar com sua orientação. Obrigada por ter sido a Marie Kondo deste livro e a doula literária dos meus sonhos!

Ao restante da equipe da Penguin Random House que sei que trabalhou incansavelmente: Brian, Meg, Shelby, Alex e Bridget. Obrigada por terem dito sim e dedicado tempo, energia e esforço a fazer este livro brilhar.

À equipe de divulgação, Jessie e Sarah, que me lembra de estar presente todos os dias. Obrigada.

A Cams e Sam, por manterem a fortaleza de pé e me inspirarem. Vocês são anjos.

Pilar, agradeço por garantir a visão da marca e pela linda capa. Obrigada por sua visão genial e por saber me traduzir tão bem.

Deganit, algumas pessoas são as grandes arquitetas de nossa vida, e você é uma delas para mim. Se não tivesse me apresentado a Stacey, e apresentado Stacey a Maria, este trabalho nunca teria acontecido. Obrigada por iniciar minha jornada de cura e por ser a irmã de alma mais amorosa do mundo. Sou muito grata por frequentar a escola da vida com você.

Stacey, Stacey, Stacey. Sua efervescência e seu entusiasmo são incomparáveis. Agradeço por ser uma amiga maravilhosa e por sempre defender meu trabalho — sem você este livro não passaria de um rascunho no meu computador. Você tocou minha vida de maneira imensurável, e te amo muito.

Maria Shriver, estar em seu selo é uma grande honra. Obrigada por sua dedicação a alçar e desenvolver mulheres no mundo todo. Você é um exemplo do que significa usar a própria influência a serviço da cura e de uma mudança significativa. Obrigada por dividir sua plataforma e amplificar vozes sub-reconhecidas, como a minha. O mundo precisa de mais líderes visionárias como você.

Mamãe, obrigada por me dar à luz. Lembro que logo no início do meu processo de coaching de vida fiz uma longa lista com tudo pelo que precisava me responsabilizar. Você foi a pessoa que me ouviu com mais amor e menos julgamento, e para mim isso resume bem quem você é: um espírito livre e amoroso, cujo maior desejo é iluminar cada espaço. Obrigada por me lembrar de tirar alguns dias de folga em nome da minha saúde mental, por garantir que tudo seja lindo e por me divertir ao longo do caminho.

Pai. É complicado, mas eu te amo de todo o coração. Sempre quis te conhecer melhor, porque acreditava que assim me conheceria melhor também. Agradeço por sua complexidade; ela me ajudou a honrar a minha. Você é brilhante, sem dúvida nenhuma, e passou por poucas e boas. Este trabalho não seria possível se eu não tivesse testemunhado tanto suas dificuldades quanto seus triunfos. Obrigada por ter escolhido essa existência tortuosa.

Vovó. Minha vovozinha. Você nasceu na pobreza e construiu uma vida linda para todos nós. Estou chorando enquanto escrevo isto. Este livro não existiria sem você. Obrigada por dizer sim aos seus sonhos para que nós pudéssemos dizer sim aos nossos. Obrigada por ser uma empreendedora que nos inspira antes mesmo que as mulheres pudessem pedir empréstimos ou ter um cartão de crédito. Obrigada por me mostrar como criar uma microeconomia e erguer toda uma comunidade. Obrigada por me ensinar a conduzir um negócio com base na intuição. Sei que você foi profundamente mal compreendida, porém agradeço por escolher seguir em frente, mesmo quando os outros não a entendiam. E obrigada por dividir seu amor por joias comigo. Sempre que ouço o tilintar de um braço cheio de pulseiras, sei que você está a meu lado.

Vovô, no céu. Você foi minha primeira experiência de amor incondicional. Todo mundo precisa e merece isso. Sinto sua falta todos os dias e gostaria que você viesse me visitar com mais frequência. Às vezes, quando eu estava escrevendo, sentia sua mão cheia de calos na minha. Também ouvia o antigo diretor em você dizendo que me tiraria pontos por digitar isso, em vez de escrever à mão. Por favor, cuide deste trabalho e permita que ele se torne o que precisa ser. Obrigada por ser meu anjo da guarda... e sinta-se livre para mandar mais ajuda!

Jidu, que só conheci no plano terreno por um breve tempo. Obrigada por ser meu guardião espiritual e por sustentar minha integridade. Sempre que o universo me dá um empurrãozinho, sei que é você.

A minhas amadas irmãs: sou porque vocês são. Como é especial ter nascido nesse grupo de mulheres corajosas, brilhantes e orientadas pela justiça. Não há maior alegria ou privilégio que isso.

Por último, mas certamente não menos importante, quero agradecer a mim mesma. A minha versão mais jovem, que teve a coragem de fazer terapia aos 21 anos e iniciar seu processo de cura, agradeço por escolher a transformação. A minha versão que não estava bem e teve a força de forjar um novo caminho quando o antigo estava ruindo, agradeço pela sabedoria. A minha versão desalentada, que continuou seguindo em frente, às vezes trabalhando todos os dias para tornar este sonho realidade, agradeço pela perseverança. E a minha versão ambiciosa, que escreveu este livro e ousou reescrever um roteiro completamente equivocado, agradeço pela audácia. Espero que esta obra seja um lembrete de que nenhum sonho é grande demais, especialmente quando se tem pessoas incríveis a sua volta.

Notas

NOTA DA AUTORA [pp. 11-4]

1. Mia L. Carey e Amber A. Hewitt, “Words Matter: A Guide to Inclusive Language Around Racial and Ethnic Diversity”, Office of Human Rights, Government of the District of Columbia, abr. 2023. Disponível em: <ohr.dc.gov/sites/default/files/dc/sites/ohr/page_content/attachments/OHR_ORE_RacialEquity_ILG_April2023.pdf>. Acesso em: 19 maio 2025.

2. Carey e Hewitt, “Words Matter”.

3. NEA Center for Social Justice, “Toolkit: White Supremacy Culture Resources”, NEA: National Education Association, dez. 2020. Disponível em: <nea.org/resource-library/white-supremacy-culture-resources>. Acesso em: 19 maio 2025.

INTRODUÇÃO [pp. 19-37]

1. Liz Elting, “The High Cost of Ambition: Why Women Are Held Back for Thinking Big”, *Forbes*, 24 abr. 2017. Disponível em: <forbes.com/sites/lizelting/2017/04/24/the-high-cost-of-ambition-why-women-are-held-back-for-thinking-big>. Acesso em: 19 maio 2025.

2. “Serena Williams Tells Chair Umpire: ‘I Don’t Cheat to Win, I’d Rather Lose’”, *CBS News*, 8 set. 2018. Disponível em: <cbsnews.com/news/serena-williams-us-open-penalties-naomi-osaka-today-live-updates-2018-09-08>. Acesso em: 19 maio 2025.

3. “US Open 2018: Serena Williams Accuses Umpire of Sexism After Outbursts in Final”, *BBC*, 9 set. 2018. Disponível em: <bbc.com/sport/tennis/45461716>. Acesso em: 19 maio 2025.

4. Siri Chilazi, "Advancing Gender Equality in Venture Capital", Women and Public Policy Program, Harvard Kennedy School, out. 2019. Disponível em: <hks.harvard.edu/centers/wappp/research/past/venture-capital-entrepreneurship>. Acesso em: 19 maio 2025.

5. Kara K. Nesvig, "Reformation Founder Yael Aflalo Resigns After Allegations of Racism", *Teen Vogue*, 14 jun. 2020. Disponível em: <teenvogue.com/story/reformation-founder-yael-aflalo-apologizes-for-past-racist-behavior>. Acesso em: 19 maio 2025.

6. Rachel Tashjian, "What Happened to Man Repeller?", *GQ*, 4 dez. 2020. Disponível em: <gq.com/story/what-happened-to-man-repeller>. Acesso em: 19 maio 2025.

7. Mary Hanbury, "Away's Co-CEO Steph Korey to Step Down from the Role for the Second Time in Less than a Year", *Business Insider*, 3 jul. 2020. Disponível em: <businessinsider.com/aways-co-ceo-steph-korey-will-step-down-this-year-2020-7>. Acesso em: 19 maio 2025.

8. "Away Co-CEO Steps down as Silicon Valley Elite Conversation Gets Leaked", *CNET*, 3 jul. 2020. Disponível em: <cnet.com/tech/tech-industry/away-co-ceo-steps-down-as-silicon-valley-elite-conversation-gets-leaked>. Acesso em: 19 maio 2025.

1. AMBIÇÃO CENTRADA NA DOR × AMBIÇÃO COM PROPÓSITO [pp. 41-61]

1. Jim Rohn, *The Power of Ambition: Awakening the Powerful Force Within You* (Sound Wisdom, 2022), p. 9.

2. Lise Bourbeau, *Heal Your Wounds and Find Your True Self* (Editions E.T.C., 2000), pp. 17-8. [Ed. bras.: *As cinco feridas emocionais: Como superar os sentimentos que impedem a sua felicidade*. Trad. de André Telles. 2 ed. Rio de Janeiro: Sextante, 2020.]

3. Ibid., p. 135.

4. Ibid., p. 17.

5. Ibid.

6. Aysa Gray, "The Bias of 'Professionalism' Standards". *Stanford Social Innovation Review*, 4 jun. 2019. Disponível em: <ssir.org/articles/entry/the_bias_of_professionalism_standards>. Acesso em: 20 maio 2025.

7. Megan Hellerer, "NO MORE 'HUSTLE': Making the Shift from 'Blind Ambition' to 'Aligned Ambition'". *Medium*, 14 fev. 2020. Disponível em: <medium.com/wtf-am-i-doing-with-my-life/no-more-hustle-making-the-shift-

from-blind-ambition-to-aligned-ambition-f5a5056bbe23>. Acesso em: 20 maio 2025.; Rha Goddess. Disponível em: <rhagoddess.com>. Acesso em: 20 maio 2025.

2. MENTALIDADES QUE ATRAPALHAM NOSSO DESENVOLVIMENTO [pp. 62-87]

1. Jeff Brown, *Ascending with Both Feet on the Ground* (Pipik, 2012), p. 54.

2. Carl Jung, *Aion: Researches into the Phenomenology of the Self* (Princeton University Press, 1959), p. 71. [O trecho mencionado foi retirado de *Aion: Estudos sobre o simbolismo do si-mesmo*. Trad. de Dom Mateus Ramalho Rocha. Petrópolis: Vozes, 2015.]

3. Tony Gaskins (@TonyGaskins), "You teach people how to treat you by what you allow, what you stop, and what you reinforce. Know that!" [Você ensina as pessoas a tratar você através do que permite, do que impede e do que reforça. Saiba disso!]. Publicação no X, 16 jan. 2013. Disponível em: <x.com/TonyGaskins/status/291748201919295488>. Acesso em: 20 maio 2025.

4. Rha Goddess, *The Calling: 3 Fundamental Shifts to Stay True, Get Paid, and Do Good* (St. Martin's, 2019).

5. Gay Hendricks, *The Big Leap: Conquer Your Hidden Fear and Take Life to the Next Level* (HarperCollins, 2009), p. 45.

6. Ibid., p. 48.

7. Ibid., p. 52.

8. Ibid., p. 55.

9. Jill Suttie, "How to Overcome Your Brain's Fixation on Bad Things". *Greater Good*, 13 jan. 2020. Disponível em: <greatergood.berkeley.edu/article/item/how_to_overcome_your_brains_fixation_on_bad_things>. Acesso em: 20 maio 2025.

10. Jonathan Sherin e Charles B. Nemeroff, "Post-traumatic Stress Disorder: The Neurobiological Impact of Psychological Trauma". *Dialogues in Clinical Neuroscience*, v. 13, n. 3, set. 2011, pp. 263-78. Disponível em: <ncbi.nlm.nih.gov/pmc/articles/PMC3182008>. Acesso em: 20 maio 2025.

11. Debbie Ford, *The Dark Side of the Light Chasers: Reclaiming Your Power, Creativity, Brilliance, and Dreams* (Riverhead, 2010), p. 1. [Ed. bras.: *O lado sombrio dos buscadores da luz*. São Paulo: Cultrix, 2006.]

12. Christopher Perry, "The Shadow". *Society of Analytical Psychology*, 12 ago. 2015. Disponível em: <thesap.org.uk/articles-on-jungian-psychology-2/about-analysis-and-therapy/the-shadow>. Acesso em: 20 maio 2025.

13. Debbie Ford, op. cit., p. 6.

14. Ibid.

15. Melody Beattie, *Codependent No More: How to Stop Controlling Others and Start Caring for Yourself* (Spiegel & Grau, 2022), p. 34. [Ed. bras: *Codependência nunca mais: Pare de controlar os outros e cuide de você mesmo*. Trad. de Carolina Simmer. 2 ed. Rio de Janeiro: Best-Seller, 2023.]

16. Terri Cole, *Too Much: A Guide to Breaking the Cycle of High-Functioning Codependency* (Sounds True, 2024), p. 21.

17. Brené Brown, *The Gifts of Imperfection: Let Go of Who You Think You're Supposed to Be and Embrace Who You Are* (Hazelden, 2010), p. 38. [Ed. bras.: *A coragem de ser imperfeito: Como aceitar a própria vulnerabilidade, vencer a vergonha e ousar ser quem você é*. Trad. de Joel Macedo. Rio de Janeiro: Sextante, 2013.]

18. Gay Hendricks, op. cit., p. 20.

3. SISTEMAS E IDEOLOGIAS QUE NOS MANTÊM EMPACADOS [pp. 88-112]

1. Anne Helen Petersen, *Can't Even: How Millennials Became the Burnout Generation* (Houghton Mifflin Harcourt, 2020), p. xxii. [Ed. bras.: *Não aguento mais não aguentar mais: Como os Millennials se tornaram a geração do burnout*. Trad. de Giu Alonso. Rio de Janeiro: Harper Collins, 2021.]

2. Adrian Horton, "Hustle Harder: How TV Became Obsessed with Stories of Workism". *The Guardian*, 31 mar. 2022. Disponível em: <theguardian.com/tv-and-radio/2022/mar/31/wecrashed-hustle-harder-tv-workism>. Acesso em: 20 maio 2025.

3. "Black and Latino Students Shut Out of Advanced Coursework Opportunities". *EdTrust*, 9 jan. 2020. Disponível em: <edtrust.org/press-room/black-and-latino-students-shut-out-of-advanced-coursework-opportunities/>. Acesso em: 20 maio 2025.

4. Isabella Rosario, "When the 'Hustle' Isn't Enough". Code Switch, 3 abr. 2020. Disponível em: <npr.org/sections/codeswitch/2020/04/03/826015780/when-the-hustle-isnt-enough>. Acesso em: 20 maio 2025.

5. Jan Dawson, "Travis Kalanick Has No One but Himself to Blame for Uber's Toxic Company Culture". *Vox*, 2 mar. 2017. Disponível em: <vox.com/2017/3/2/14794092/uber-ceo-travis-kalanick-company-culture-toxic-values>. Acesso em: 20 maio 2025.

6. Isabella Rosario, op. cit.

7. Rani Molla e Shirin Ghaffary, "The WeWork Mess, Explained". *Vox*, 22 out. 2019. Disponível em: <vox.com/recode/2019/9/23/20879656/wework-mess-explained-ipo-softbank>. Acesso em: 20 maio 2025.

8. Eva Leonard, "How Neon Lights Up WeWork Space". WeWork, 3 jul. 2019. Disponível em: <wework.com/ideas/workspace-solutions/flexible-products/how-neon-lights-up-wework-space>.

9. "Long Working Hours Increasing Deaths from Heart Disease and Stroke: WHO, ILO". Organização Mundial da Saúde, 17 maio 2021. Disponível em: <who.int/news/item/17-05-2021-long-working-hours-increasing-deaths-from-heart-disease-and-stroke-who-ilo>. Acesso em: 20 maio 2025.

10. Christin L. Munsch e Lindsey T. O'Connor, "Gender and the Disparate Payoffs of Overwork". *Social Psychology Quarterly*, v. 87, n. 1, 11 jan. 2023. Disponível em: <doi.org/10.1177/01902725221141059>. Acesso em: 20 maio 2025.

11. Kristy Threlkeld, "Employee Burnout Report: COVID-19's Impact and 3 Strategies to Curb It". *Indeed*, atualizado em 11 jul. 2024. Disponível em: <indeed.com/lead/preventing-employee-burnout-report>. Acesso em: 20 maio 2025.

12. "The Squeezed Middle: Millennial Managers Worse Off while Supporting a Burnt-Out Workforce". *MetLife*, 17 set. 2021. Disponível em: <metlife.com/about-us/newsroom/2021/september/the-squeezed-middle-millennial-managers-worse-off-while-supporting-a-burnt-out-workforce/>. Acesso em: 20 maio 2025.

13. Sean Illing, "How Millennials Became the Burnout Generation". *Vox*, 3 dez. 2020. Disponível em: <vox.com/policy-and-politics/21473579/millennials-great-recession-burnout-anne-helen-petersen>. Acesso em: 20 maio 2025.

14. Lamya Khoury, Yilang L. Tang, Bekh Bradley, Joe F. Cubells e Kerry J. Ressler, "Substance Use, Childhood Traumatic Experience, and Post-Traumatic Stress Disorder in an Urban Civilian Population". *Depression and Anxiety*, 3 nov. 2010, pp. 1077-86. Disponível em: <doi.org/10.1002/da.20751>. Acesso em: 20 maio 2025.

15. Donna Portland, *Positive Habits Get Results* (Balboa Press, 2020).

16. Shannon McLellan, "This Doctor Helps Olympians with Their Sleep. Here Are His Tips to Sleep like a Champion". *Good Morning America*, 26 jul. 2021. Disponível em: <goodmorningamerica.com/wellness/story/doctor-helps-olympians-sleep-tips-sleep-champion-78864523>. Acesso em: 20 maio 2025.

17. "Gender Equality Is Stalling: 131 Years to Close the Gap". *WeForum*, 20 jun. 2023. Disponível em: <weforum.org/press/2023/06/gender-equality-is-stalling-131-years-to-close-the-gap>. Acesso em: 20 maio 2025.

18. "Global Gender Gap Report 2022", Fórum Econômico Mundial, 13 jul. 2022. Disponível em: <weforum.org/publications/global-gender-gap-report-2022>. Acesso em: 20 maio 2025.

19. "The Wage Gap Among LGBTQ+ Workers in the United States". Human Rights Campaign, 17 nov. 2021. Disponível em: <hrc.org/resources/the-wage-gap-among-lgbtq-workers-in-the-united-states>. Acesso em: 20 maio 2025.

20. Elise Gould, "Gender Wage Gap Persists in 2023". *Economic Policy Institute*, 8 mar. 2024. Disponível em: <epi.org/blog/gender-wage-gap-persists-in-2023-women-are-paid-roughly-22-less-than-men-on-average>. Acesso em: 20 maio 2025; Sarah Javaid, "Native Women Lose More Than $1.1 Million to the Racist and Sexist Wage Gap over a 40-Year Career". *National Women's Law Center*, nov. 2023. Disponível em: <nwlc.org/wp-content/uploads/2022/11/NWEPD-2023.pdf>. Acesso em: 20 maio 2025.

21. Alexandra Cawthorne Gaines, "The Straight Facts on Women in Poverty". Center for American Progress, 8 out. 2008. Disponível em: <americanprogress.org/article/the-straight-facts-on-women-in-poverty>. Acesso em: 20 maio 2025.

22. Pauline Rose Clance e Suzanne Ament Imes, "The Imposter Phenomenon in High Achieving Women: Dynamics and Therapeutic Intervention". *Psychotherapy: Theory, Research & Practice*, v. 15, n. 3, 1978, pp. 241-7. Disponível em: <doi.org/10.1037/h0086006>. Acesso em: 20 maio 2025.

23. Kess Eruteya, "You're Not an Imposter. You're Actually Pretty Amazing". *Harvard Business Review*, 3 jan. 2022. Disponível em: <hbr.org/2022/01/youre-not-an-imposter-youre-actually-pretty-amazing>. Acesso em: 20 maio 2025.

24. Ruchika Tulshyan e Jodi-Ann Burey, "Stop Telling Women They Have Imposter Syndrome". *Harvard Business Review*, 11 fev. 2021. Disponível em: <hbr.org/2021/02/stop-telling-women-they-have-imposter-syndrome>. Acesso em: 20 maio 2025.

25. Tyece Wilkins, "A Point of View: The Privilege of Second Chances". *Inclusion Solution*, 1º mar. 2018. Disponível em: <theinclusionsolution.me/point-view-privilege-second-chances>. Acesso em: 20 maio 2025.

26. Amy Edmonson, "Psychological Safety". Disponível em: <amycedmondson.com/psychological-safety>. Acesso em: 20 maio 2025.

27. Anagha Srikanth, "New Study Finds White Male Minority Rule Dominates US". Changing America, *The Hill*, 26 maio 2021. Disponível em: <thehill.com/changing-america/respect/diversity-inclusion/555503-new-study-finds-white-male-minority-rule>. Acesso em: 20 maio 2025.

28. Deepa Purushothaman, *The First, the Few, the Only: How Women of Color Can Redefine Power in Corporate America* (HarperCollins, 2022), p. 8.

29. "Women in the Workplace 2022". McKinsey & Company, 18 out. 2022. Disponível em: <mckinsey.com/~/media/mckinsey/featured%20insights/di-

versity%20and%20inclusion/women%20in%20the%20workplace%202022/women-in-the-workplace-2022.pdf>. Acesso em: 20 maio 2025.

30. "Women in the Workplace 2021". *Lean In*, set. 2021. Disponível em: <leanin.org/women-in-the-workplace/2021/women-of-color-continue-to-have-a-worse-experience-at-work>. Acesso em: 20 maio 2025.

31. Michelle K. Ryan e S. Alexander Haslam, "The Glass Cliff: Exploring the Dynamics Surrounding the Appointment of Women to Precarious Leadership Positions". *Academy of Management Review*, v. 32, n. 2, abr. 2007, pp. 549--72. Disponível em: <jstor.org/stable/20159315>. Acesso em: 20 maio 2025.

32. Michelle K. Ryan e S. Alexander Haslam, "The Glass Cliff: Evidence That Women Are Over-Represented in Precarious Leadership Positions". *British Journal of Management*, v. 16, 9 fev. 2005. Disponível em: <doi.org/10.1111/j.1467-8551.2005.00433.x>. Acesso em: 20 maio 2025.

33. Kristen Munson, "Studies Show Women & Minority Leaders Have Shorter Tenures, Tenuous Support". Utah State University, 18 jul. 2013. Disponível em: <usu.edu/today/story/studies-show-women-amp-minority-leaders-have-shorter-tenures-tenuous-support>. Acesso em: 20 maio 2025.

34. Alison Cook e Christy Glass, "Glass Cliffs and Organizational Saviors: Barriers to Minority Leadership in Work Organizations?". *Social Problems*, v. 60, n. 2, 1º maio 2013. Disponível em: <doi.org/10.1525/sp.2013.60.2.168>. Acesso em: 20 maio 2025.

35. Zuhairah Washington e Laura Morgan Roberts, "Women of Color Get Less Support at Work. Here's How Managers Can Change That". *Harvard Business Review*, 4 mar. 2019. Disponível em: <hbr.org/2019/03/women-of-color-get-less-support-at-work-heres-how-managers-can-change-that>. Acesso em: 20 maio 2025.

36. "Being Black in Corporate America: An Intersectional Exploration", The Executive Leadership Council. Disponível em: <elcinfo.com/news-and-insights/being-black-in-corporate-america-an-intersectional-exploration/>. Acesso em: 20 maio 2025.

37. "The Similar-to-Me Effect". *The Decision Lab*. Disponível em: <thedecisionlab.com/reference-guide/psychology/the-similar-to-me-effect>.

38. "Being Black in Corporate America".

39. "Women in the Workplace 2022". *Lean In*, 2022. Disponível em: <womenintheworkplace.com/2022>. Acesso em: 20 maio 2025.

4. HONRE SEU PROPÓSITO [pp. 115-37]

1. Marianne Williamson, *A Return to Love: Reflections on the Principles of a Course in Miracles* (HarperPerennial, 1992), p. 179. [Ed. bras.: *Um retorno ao amor*. São Paulo: Círculo do Livro, 1992.]

2. Helaine Selin (Org.), *Nature Across Cultures: Views of Nature and the Environment in Non-Western Cultures, Science Across Cultures: The History of Non-Western Science*, v. 4 (Springer, 2003), p. 329.

3. Stephen Cope, *The Great Work of Your Life: A Guide for the Journey to Your True Calling* (Bantam, 2012), p. xviii.

4. "Endocrine Disruptors". National Institute of Environmental Health Sciences. Disponível em: <niehs.nih.gov/health/topics/agents/endocrine>. Acesso em: 20 maio 2025.

5. Radoslaw Balwierz et al., "Potential Carcinogens in Makeup Cosmetics". *International Journal of Environmental Research and Public Health*, v. 20, n. 6, 8 mar. 2023, p. 4780. Disponível em: <doi.org/10.3390/ijerph20064780>. Acesso em: 20 maio 2025.

6. "Workplace Burnout Survey: Burnout Without Borders". Deloitte, 2015. Disponível em: <deloitte.com/us/en/pages/about-deloitte/articles/burnout-survey.html>. Acesso em: 20 maio 2025.

7. Erin A. Cech, "Striking a Balance Between Your Passion and Your Paycheck". *Harvard Business Review*, 13 out. 2022. Disponível em: <hbr.org/2022/10/striking-a-balance-between-your-passion-and-your-paycheck>. Acesso em: 20 maio 2025.

8. Amina AlTai (apresentadora), *Amina Change Your Life*, temporada 1, episódio 74, "The Power of Applied Empathy with Michael Ventura", 18 jun. 2024, 23:32. Disponível em: <podcasts.apple.com/us/podcast/ep-74-the-power-of-applied-empathy-with-michael-ventura/id1669584137?i=1000659373519>. Acesso em: 20 maio 2025.

9. "Striving for Balance, Advocating for Change: The Deloitte Global 2022 Gen z & Millennial Survey". Deloitte, 2022. Disponível em: <deloitte.com/content/dam/insights/articles/2022/glob175227_global-millennial-and-gen-z-survey/Gen-Z-and-Millennial-Survey-2022_Final.pdf>

10. "How Generation z Will Impact the Future of Work". *Cigna Group*, 26 set. 2024. Disponível em: <newsroom.thecignagroup.com/how-generation-z-will-impact-the-future-of-work#:~:text=Generation%20Z%20Is%20Driving%20the,baby%20boomers%20say%20the%20same.>. Acesso em: 20 maio 2025.

11. "A Call for Accountability and Action: The Deloitte Global 2021 Gen Z & Millennial Survey". Deloitte, 2021. Disponível em: <deloitte.com/content/

dam/assets-shared/legacy/docs/insights/2022/2021-deloitte-global-millennial-survey-report.pdf>.

12. Irregular Labs, “The Irregular Report: Gender, Activism, and Gen Z”. Irregular Report, 10 abr. 2019. Disponível em: <medium.com/irregular-labs/the-irregular-report-gender-activism-and-gen-z-f8728212ef19>.

13. Doris Lam, “Gen Z Prioritises Period Self-Care More Than Millennials, New Study Finds”. *Tatler Asia*, 11 abr. 2022. Disponível em: <tatlerasia.com/lifestyle/wellbeing/period-self-care-new-study>. Acesso em: 20 maio 2025.; Shelby Smith, “Setting Boundaries: Why Quiet Quitting Is a Form of Self-Care for Generation-z”. Girls United, *Essence*, atualizado em 1º maio 2024. Disponível em: <girlsunited.essence.com/feedback/news/quiet-quitting-gen-z-self-care>.

5. IDENTIFIQUE SEUS VERDADEIROS DONS [pp. 138-63]

1. Stephen Cope, “The Gift: Living a Life of Purpose and Meaning”, 30 set. 2012. Disponível em: <stephencope.com/articles-by-stephen/the-gift-living-a-life-of-purpose-and-meaning>. Acesso em: 20 maio 2025.

2. Emma Heaps, “Comfort, Stretch and Don’t Panic!”. Training Industry, 13 nov. 2017. Disponível em: <trainingindustry.com/articles/performance-management/comfort-stretch-and-dont-panic>. Acesso em: 20 maio 2025.

3. Stephen Cope, “The Gift”.

4. Kristi Walker, Kristen Bialik e Patrick Van Kessel, “Strong Men, Caring Women: How Americans Describe What Society Values (and Doesn’t) in Each Gender”. Pew Research Center, 24 jul. 2018. Disponível em: <pewresearch.org/social-trends/interactives/strong-men-caring-women>.

5. Jess Staufenberg, “Black and Female Professors Not Seen as ‘Geniuses’ as Often as White Male Professors”. *The Independent*, 4 mar. 2016. Disponível em: <independent.co.uk/news/science/black-and-female-professors-not-seen-as-geniuses-as-often-as-white-men-by-students-a6911121.html>. Acesso em: 20 maio 2025.

6. Herbert Muschamp, “An Iraqi-Born Woman Wins Pritzker Architecture Award”. *The New York Times*, 22 mar. 2004. Disponível em: <nytimes.com/2004/03/22/arts/an-iraqi-born-woman-wins-pritzker-architecture-award.html>. Acesso em: 20 maio 2025.

7. Tasminda K. Dhaliwal et al., “Educator Bias Is Associated with Racial Disparities in Student Achievement and Discipline”. *Brookings Institution*, 20 jul. 2020. Disponível em: <brookings.edu/articles/educator-bias-is-associ-

ated-with-racial-disparities-in-student-achievement-and-discipline>. Acesso em: 20 maio 2025.

8. Angela Lee Duckworth et al., "Role of Test Motivation in Intelligence Testing". *Psychological and Cognitive Sciences*, v. 108, n. 19, 2011. Disponível em: <doi.org/10.1073/pnas.1018601108>. Acesso em: 20 maio 2025.

9. Jessica Leber, "Americans Think Geniuses Are Men: Inside Our Contradictory Attitudes on Brilliance". *Fast Company*, 25 fev. 2015. Disponível em: <fastcompany.com/3042773/americans-think-geniuses-are-men-inside-our-contradictory-attitudes-on-brilliance>. Acesso em: 20 maio 2025.

10. Lin Bian, Sarah-Jane Leslie e Andrei Cimpian, "Gender Stereotypes About Intellectual Ability Emerge Early and Influence Children's Interests". *Science*, 27 jan. 2017. Disponível em: <https://www.science.org/doi/10.1126/science.aah6524>. Acesso em: 20 maio 2025.

11. Christine Battersby, *Gender and Genius: Towards a Feminist Aesthetics* (Indiana University Press, 1990), p. 14.

12. Holly Honderich, Natalie Sherman e Erin Delmore, "Everyone Got Duped by Sam Bankman-Fried's Big Gamble". *BBC*, 28 mar. 2024. Disponível em: <bbc.com/news/world-us-canada-67302950>. Acesso em: 20 maio 2025.

13. Britney Nguyen, "Sam Bankman-Fried Was Once Caught Playing the Video Game 'League of Legends' During a Pitch Meeting for FTX". *Business Insider*, 10 nov. 2022. Disponível em: <businessinsider.com/ftx-sam-bankman-fried-league-of-legends-investor-pitch-meeting-2022-11>.

14. Brittany Packnett Cunningham, "How to Build Your Confidence — and Spark It in Others". TED Talk, abr. 2019, vídeo, 13:20. Disponível em: <ted.com/talks/brittany_packnett_cunningham_how_to_build_your_confidence_and_spark_it_in_others>. Acesso em: 20 maio 2025.

6. ATENDA SUAS NECESSIDADES [pp. 164-93]

1. Kate Northrup, "It's OK to Have a Need", 16 dez. 2018, YouTube, 6'05". Disponível em: <youtube.com/watch?v=QIh39sINR-Q>. Acesso em: 20 maio 2025.

2. Stephanie Stephens, "The CDC and AMA Agree: Racism Is a Serious Public Health Threat". AAD Career Compass, 22 abr. 2021. Disponível em: <healthecareers.com/aad/career-resources/industry-news/the-cdc-and-ama-agree-racism-is-a-serious-public-health-threat>. Acesso em: 20 maio 2025.

3. Ruth-Alma N. Turkson-Ocran et al., "Discrimination Is Associated with Elevated Cardiovascular Disease Risk Among African Immigrants in

the African Immigrant Health Study". *Ethnicity & Disease*, v. 30, n. 4, outono 2020, pp. 651-60. Disponível em: <ncbi.nlm.nih.gov/pmc/articles/PMC7518540>. Acesso em: 20 maio 2025.

4. "Individualism: I'm the Only One". White Supremacy Culture, atualizado em ago. 2023. Disponível em: <whitesupremacyculture.info/individualism.html>. Acesso em: 20 maio 2025.

5. Emily A. Shrider et al., "Income and Poverty in the United States: 2020". United States Census Bureau, 14 set. 2021. Disponível em: <census.gov/content/dam/Census/library/publications/2021/demo/p60-273.pdf>. Acesso em: 20 maio 2025.

6. Lindsay Tigar, "4 Women on How They Reached a Six-Figure Salary", *HerMoney*, 25 mar. 2021. Disponível em: <hermoney.com/earn/salaries/4-women-on-how-they-reached-a-six-figure-salary>. Acesso em: 20 maio 2025.

7. Eilene Zimmerman, "Only 2% of Women-Owned Businesses Break the $1 Million Mark — Here's How to Be One of Them". *Forbes*, 1º abr. 2015. Disponível em: <forbes.com/sites/eilenezimmerman/2015/04/01/only-2-of-women-owned-businesses-break-the-1-million-mark-heres-how-to-be-one-of-them/>.

8. Ashley Bittner e Brigette Lau, "Women-Led Startups Received Just 2.3% of VC Funding in 2020". *Harvard Business Review*, 25 fev. 2021. Disponível em: <hbr.org/2021/02/women-led-startups-received-just-2-3-of-vc-funding-in-2020>. Acesso em: 20 maio 2025.

9. HRC Foundation, "The Wage Gap Among LGBTQ+ Workers in the United States". Human Rights Campaign. Acesso em: 26 set. 2024. Disponível em: <hrc.org/resources/the-wage-gap-among-lgbtq-workers-in-the-united-states>. Acesso em: 20 maio 2025.

10. Marc Folch, "The LGBTQ+ Gap: Recent Estimates for Young Adults in the United States", 7 abr. 2022. Disponível em: <dx.doi.org/10.2139/ssrn.4072893>. Acesso em: 20 maio 2025.

11. Charlotte J. Patterson, Martin-José Sepúlveda e Jordyn White (Orgs.), *Understanding the Well-Being of LGBTQI+ Populations* (National Academies Press, 2020).

12. "Annual Median Earnings for People with and Without Disabilities in the U.S. from 2008 to 2021". Statista, 16 jan. 2023. Disponível em: <statista.com/statistics/978989/disability-annual-earnings-us>. Acesso em: 20 maio 2025.

13. John Elflein, "Poverty Rate Among People with and Without Disabilities in the U.S. from 2008 to 2023". Statista, 6 maio 2024. Disponível

em: <statista.com/statistics/979003/disability-poverty-rate-us/>. Acesso em: 20 maio 2025.

14. "Poverty Rate by Race/Ethnicity". KFF, 3 jun. 2021. Disponível em: <kff.org/other/state-indicator/poverty-rate-by-raceethnicity/>.

15. Emily Moss et al., "The Black-White Wealth Gap Left Black Households More Vulnerable". Brookings Institution, 8 dez. 2020. Disponível em: <brookings.edu/blog/up-front/2020/12/08/the-black-white-wealth-gap-left-black-households-more-vulnerable>. Acesso em: 20 maio 2025.

16. Maggie Germano, "How Women Can Change the World with Their Money Choices". *Forbes*, atualizado em 15 dez. 2020. Disponível em: <forbes.com/sites/maggiegermano/2020/09/22/how-women-can-change-the-world-with-their-money-choices>. Acesso em: 20 maio 2025.

17. Amina AlTai (apresentadora), *Amina Change Your Life*, temporada 1, episódio 13, "Economic Justice and Building an Economically Just Business Model with Kelly Diels", 11 abr. 2023, 40 min. Disponível em: <podcasts.apple.com/au/podcast/ep-13-economic-justice-and-building-an-economically/id1669584137?i=1000608474481>. Acesso em: 20 maio 2025.

7. PRIORIZE O CONTENTAMENTO [pp. 194-219]

1. Daniel Cordaro, "What If You Pursued Contentment Rather Than Happiness?". *Greater Good Magazine*, 27 maio 2020. Disponível em: <greatergood.berkeley.edu/article/item/what_if_you_pursued_contentment_rather_than_happiness>.

2. Robert Lustig, *The Hacking of the American Mind: The Science Behind the Corporate Takeover of Our Bodies and Brains* (Avery, 2008), p. 8.

3. Ethan S. Bromberg-Martin, Masayuki Matsumoto e Okihide Hikosaka, "Dopamine in Motivational Control: Rewarding, Aversive, and Alerting". *National Library of Medicine*, v. 68, n. 5, 9 dez. 2010, pp. 815-34. Disponível em: <pubmed.ncbi.nlm.nih.gov/21144997/>. Acesso em: 20 maio 2025.

4. Penny Locaso, "What You Were Taught About 'Happiness' Isn't True". *Harvard Business Review*, 12 jan. 2021. Disponível em: <hbr.org/2021/01/what-you-were-taught-about-happiness-isnt-true>. Acesso em: 20 maio 2025.

5. Ibid.

6. Jordi Quoidbach et al., "Emodiversity and the Emotional Ecosystem". *Journal of Experimental Psychology: General*, v. 143, n. 6, dez. 2014, pp. 2057-66. Disponível em: <pubmed.ncbi.nlm.nih.gov/25285428/>. Acesso em: 20 maio 2025.

7. Daniel Cordaro, op. cit.

8. Ibid.

9. Paul Ingram e Yoonjin Choi, “What Does Your Company Really Stand For?”. *Harvard Business Review Magazine*, nov.-dez. 2022. Disponível em: <hbr.org/2022/11/what-does-your-company-really-stand-for>. Acesso em: 20 maio 2025.

10. Brian A. Primack et al., “Use of Multiple Social Media Platforms and Symptoms of Depression and Anxiety: A Nationally-Representative Study Among U.S. Young Adults”. *Computers in Human Behavior*, v. 69, abr. 2017, pp. 1-9. Disponível em: <doi.org/10.1016/j.chb.2016.11.013>. Acesso em: 20 maio 2025.

11. Judith B. White et al., “Frequent Social Comparisons and Destructive Emotions and Behaviors: The Dark Side of Social Comparisons”, *Journal of Adult Development*, v. 13, n. 1, 14 jun. 2006, pp. 36-44. Disponível em: <link.springer.com/article/10.1007/s10804-006-9005-0>. Acesso em: 20 maio 2025.

12. Julianne Holt-Lunstad, Timothy B. Smith e J. Bradley Layton, “Social Relationships and Mortality Risk: A Meta-analytic Review”, *PLOS Medicine*, 27 jul. 2010, pp. 113-22. Disponível em: <doi.org/10.1371/journal.pmed.1000316>. Acesso em: 20 maio 2025.

13. Deepa Purushothamana, *The First, the Few, the Only: How Women of Color Can Redefine Power in Corporate America* (HarperCollins, 2022), p. 127.

14. Kate Johnson, “Radical Friendship: A Conversation Between Tara Brach and Kate Johnson”. Entrevista com Tara Brach, Kate Johnson, vídeo, 1:08:51. Disponível em: <katejohnson.com/journal/radical-friendship-a-conversation-between-tara-brach-and-kate-johnson>. Acesso em: 20 maio 2025.

15. Marc Schulz e Robert Waldinger, “An 85-Year Harvard Study Found the No. 1 Thing That Makes Us Happy in Life: It Helps Us ‘Live Longer’”, *CNBC*, atual. 10 fev. 2023. Disponível em: <cnbc.com/2023/02/10/85-year-harvard-study-found-the-secret-to-a-long-happy-and-successful-life.html>. Acesso em: 20 maio 2025.

16. Deepa Purushothamana, op. cit., p. 127.

17. Cale D. Magnuson e Lynn A. Barnett, “The Playful Advantage: How Playfulness Enhances Coping with Stress”. *Leisure Sciences*, v. 35, n. 2, 20 mar. 2013, pp. 129-44. Disponível em: <doi.org/10.1080/01490400.2013.761905>. Acesso em: 20 maio 2025; René T. Prover, “The Well-being of Playful Adults: Adult Playfulness, Subjective Well-Being, Physical Well-Being, and the Pursuit of Enjoyable Activities”. *European Journal of Humour Research*, v. 1, n. 1, mar. 2013, pp. 84-98. Disponível em: <doi.org/10.7592/EJHR2013.1.1.proyer>. Acesso em: 20 maio 2025.

18. Krystyna S. Aune e Norman C. Wong, "Antecedents and Consequences of Adult Play in Romantic Relationships". *Personal Relationships*, v. 9, n. 3, 17 dez. 2002, pp. 279-86. Disponível em: <doi.org/10.1111/1475-6811.00019>. Acesso em: 20 maio 2025.

19. Samuel West, "Playing at Work: Organizational Play as a Facilitator of Creativity". Tese de doutorado, Lund University, 2015.

20. René T. Proyer, "A New Structural Model for the Study of Adult Playfulness: Assessment and Exploration of an Understudied Individual Differences Variable". *Personality and Individual Difference*, v. 108, 1º abr. 2017, pp. 113-22. Disponível em: <doi.org/10.1016/j.paid.2016.12.011>. Acesso em: 20 maio 2025.

8. OPTE POR AÇÕES ALINHADAS [pp. 220-51]

1. *The Marvelous Mrs. Maisel*, temporada 5, episódio 9, "Four Minutes", escrito e dirigido por Amy Sherman-Palladino, exibido em 26 maio 2023, Amazon Prime Video [Versão bras.: *Maravilhosa Sra. Maisel*].

2. George T. Doran, "There's a S.M.A.R.T. Way to Management Goals and Objectives". Temple University, 1º nov. 1981. Disponível em: <community.mis.temple.edu/mis0855002fall2015/files/2015/10/S.M.A.R.T-Way-Management-Review.pdf>; "Are SMART Goals Dumb?", Leadership IQ. Disponível em: <leadershipiq.com/blogs/leadershipiq/35353793-are-smart-goals-dumb>. Acesso em: 20 maio 2025.

3. "Kind", Online Etymology Dictionary. Disponível em: <etymonline.com/word/kind>. Acesso em: 20 maio 2025.

4. James Clear, Atomic Habits: An Easy and Proven Way to Build Good Habits & Break Bad Ones (Avery, 2018). [Ed. bras.: *Hábitos Atômicos: Um método fácil e comprovado de criar bons hábitos e se livrar dos maus*. Rio de Janeiro: Alta Life, 2019.]

5. *Unbreakable Kimmy Schmidt*, temporada 1, episódio 2, "Kimmy Gets a Job!", escrito por Tina Fey, Robert Carlock e Sam Means, dirigido por Tristram Shapeero, exibido em 5 mar. 2015, Netflix.

6. *Indiana Jones e a última cruzada*, dirigido por Stephen Spielberg (1989; Paramount Pictures).

7. Ethan Kross et al., "Social Rejection Shares Somatosensory Representations with Physical Pain", *Proceedings of the National Academy of Sciences of the United States of America*, v. 108, n. 15, 28 mar. 2011, pp. 6270-5. Disponível em: <doi.org/10.1073/pnas.1102693108>. Acesso em: 20 maio 2025.

8. Brené Brown, “Dr. Brené Brown: You Might Be Afraid and Not Even Know It”. *SuperSoul Sunday*, publicado em 17 mar. 2013, OWN, 2:22. Disponível em: <https://www.oprah.com/own-super-soul-sunday/dr-brene-brown-how-you-might-be-afraid-and-not-know-it-video>. Acesso em: 20 maio 2025.

9. “Childhood Trauma Leads to Brains Wired for Fear”. *Side Effects Public Media*, 3 fev. 2015. Disponível em: <sideeffectspublicmedia.org/community-health/2015-02-03/childhood-trauma-leads-to-brains-wired-for-fear>. Acesso em: 20 maio 2025.

10. Farzana Saleem, Riana E. Anderson e Monnica Williams, “Addressing the ‘Myth’ of Racial Trauma: Developmental and Ecological Considerations for Youth of Color”. *Clinical Child and Family Psychology Review*, v. 23, 23 out. 2019, pp. 1-14. Disponível em: <link.springer.com/article/10.1007/s10567-019-00304-1>. Acesso em: 20 maio 2025; Jake Lowary, “Study Finds LGBQ People Report Higher Rates of Adverse Childhood Experiences than Straight People, Worse Mental Health as Adults”. *Vanderbilt University Medical Center*, 24 fev. 2022. Disponível em: <news.vumc.org/2022/02/24/study-finds-lgbq-people-report-higher-rates-of-adverse-childhood-experiences-than-straight-people-worse-mental-health-as-adults>. Acesso em: 20 maio 2025; Miranda Olff e Willemien Langeland, “Why Men and Women May Respond Differently to Psychological Trauma”. *Psychiatric Times*, v. 39, n. 4, 27 abr. 2022. Disponível em: <psychiatrictimes.com/view/why-men-and-women-may-respond-differently-to-psychological-trauma>. Acesso em: 20 maio 2025; Margaret Charlton et al., “Facts on Traumatic Stress and Children with Developmental Disabilities”. *National Child Traumatic Stress Network*, 2004. Disponível em: <nctsn.org/sites/default/files/resources/traumatic_stress_and_children_with_developmental_disabilities.pdf>. Acesso em: 20 maio 2025.

11. Bessel van der Kolk, *The Body Keeps the Score* (Penguin, 2014), p. 208. [Ed. bras.: *O corpo guarda as marcas: Cérebro, mente e corpo na cura do trauma*. Trad. de Donaldson M. Garschagen. Rio de Janeiro: Sextante, 2020.]

12. Thekla Morgenroth, Michelle K. Ryan e Cordelia Fine, “The Gendered Consequences of Risk-Taking at Work: Are Women Averse to Risk or to Poor Consequences?”, *Psychology of Women Quarterly*, v. 46, n. 3, 18 abr. 2022. Disponível em: <doi.org/10.1177/03616843221084048>. Acesso em: 20 maio 2025.

13. Margery Williams, *The Velveteen Rabbit* (Doubleday Books for Young Readers, 1922). Disponível em: <penguinrandomhouse.ca/books/191202/the-velveteen-rabbit-by-margery-williams-illustrated-by-william-nicholson/

9780385375665/excerpt>. Acesso em: 20 maio 2025. [Ed. bras.: *O coelhinho de veludo*. Trad. de Solange Pinheiro. São Paulo: Lexikos, 2020.]

CONCLUSÃO [pp. 253-62]

1. Online Etymology Dictionary, “devotion (n.)”. Disponível em: <etymonline.com/word/devotion#etymonline_v_8492>. Acesso em: 20 maio 2025.

Índice remissivo

TIPOGRAFIA Adriane por Marconi Lima
DIAGRAMAÇÃO Osmane Garcia Filho
PAPEL Pólen Natural, Suzano S.A.
IMPRESSÃO Lis Gráfica, outubro de 2025

FSC
www.fsc.org
MISTO
Papel | Apoiando o manejo florestal responsável
FSC® C112738

A marca FSC® é a garantia de que a madeira utilizada na fabricação do papel deste livro provém de florestas que foram gerenciadas de maneira ambientalmente correta, socialmente justa e economicamente viável, além de outras fontes de origem controlada.